다시 믿음으로

KB191893

다시 믿음으로

발행일	2024년 4월 22일			
지은이	김경민			
펴낸이	손형국			
펴낸곳	(주)북랩			
편집인	선일영		편집	김은수, 배진용, 김다빈, 김부경
디자인	이현수, 김민하, 임진형, 안유경		제작	박기성, 구성우, 이창영, 배상진
마케팅	김회란, 박진관			
출판등록	2004. 12. 1(제2012-000051호)			
주소	서울특별시 금천구 가산디지털 1로 168, 우림라이온스밸리 B동 B113~115호, C동 B101호			
홈페이지	www.book.co.kr			
전화번호	(02)2026-5777		팩스	(02)3159-9637
ISBN	979-11-7224-075-2 03230 (종이책)			979-11-7224-076-9 05230 (전자책)

(주)북랩 성공출판의 파트너
북랩 홈페이지와 패밀리 사이트에서 다양한 출판 솔루션을 만나 보세요!

홈페이지 book.co.kr • **블로그** blog.naver.com/essaybook • **출판문의** book@book.co.kr

작가 연락처 문의 ▸ ask.book.co.kr

작가 연락처는 개인정보이므로 북랩에서 알려드릴 수 없습니다.

믿음의 본질을 일깨우다

다시
믿음으로

김경민 지음

타협하지 않고 왜곡되지 않는
순전한 신앙에 관하여

🐟북랩

다시 믿음으로

다시
믿음
으로

다 시　믿 음 으 로

기독교

믿음

πίστις

피스티스

信實

Faithful

메멘토 모리Memento mori라는 라틴어를 아십니까. '자신의 죽음을 기억하라', '너는 반드시 죽는다는 것을 기억하라', '네가 죽을 것을 기억하라'는 뜻입니다. 고대 로마에서는 원정에서 승리를 거두고 개선하는 장군이 시가행진을 할 때 노예를 시켜 행렬 뒤에서 큰 소리로 외치게 했다고 합니다. "Memento Mori!" '전쟁에서 승리했다고 너무 우쭐대지 말라. 오늘은 개선장군이지만, 너도 언젠가는 죽는다. 그러니 겸손하게 행동하라.' 이런 의미에서 생겨난 풍습이라고 합니다. 모든 사람에게 죽음은 변함없는 진리입니다. 우리는 죽음 앞에 늘 겸손해야 합니다. 모든 종교는 죽음 이후의 삶을 정의합니다. 삶은 잠깐이요 죽음은 영원하기 때문입니다. 죽음에는 심판이 있고 그 심판은 믿음πίστις피스티스이 결정한다는 신앙이 바로 기독교基督敎Christianity입니다.

기독교 믿음πίστις피스티스은 어려운 신학적 용어입니다. 믿음을 일상의 언어로 쉽게 쓰려고 노력했습니다. 이상적인 언어를 실천적인 언어로 쓰고자 했습니다. 평범한 일상에서 실천하는 믿음을 찾고자 했습니다. 기복적인 맹신과 인격적인 믿음을 구분하고자 했습니다. 변질된 종교적 믿음과 본질적인 기독교의 믿음을 구분하고자 했습니다. 구원에서 떨어지는 믿음과 구원에 이르는 믿음을 구분하고자 했습니다. 믿음의 시작이신 하나님으로부터 믿음을 찾고자 했습니다. 믿음의 요람인 성경에서 믿음을 찾고자 했습니다.

자주 산에 오릅니다. 높은 산 정상에 도착하였지만, 그곳이 정상이 아닐 때 몹시 난감할 것입니다. 시간과 힘은 들겠지만, 다시 내려가 다시 올라야 할 것입니다. 이 또한 쉬운 일은 아닐 것입니다. 이때 자신을 따르는 사람들이 있거나 그 수가 헤아릴 수 없이 많다면 조금은 심각해질 수도 있을 것입니다. 따르는 자들의 원망과 불평 그리고 불신의 마음을 감수해야 하기 때문입니다. 그런데도 산은 다시 오르면 됩니다. 아무리 높은 산이라도 포기하지만 않는다면 산은 다시 기회가 주어질 것입니다.

믿음으로 받는 구원의 문제는 등산과 유사하지만, 확연히 다릅니다. 믿음으로 도착한 곳에서 그 믿음에 따라 다른 결과를 선택의 여지 없이 받아들여야 하기 때문입니다. 바른 믿음은 영생이, 잘못된 믿음은 영벌이 주어질 것입니다. 자신 한 사람 그렇게 결정되는 것도 돌이킬 수 없지만 잘못된 믿음으로 수많은 사람을 이끌고 왔다면 그 모든 사람 또한 영벌밖에는 길이 없을 것입니다. 그 어떤 핑계도 소용이 없습니다. 거짓된 가르침에 속았다는 핑계도 아무 소용이 없습니다. 그렇기에 믿음은 자신뿐 아니라 많은 사람을 위해 바른 믿음을 바르게 믿고 지키고 살아야 합니다. 믿음의 시작이 잘못되면 다시 돌이키기 참으로 어렵습니다. 용기를 내야 합니다. 지금이라도 다시 바른 기독교의 믿음πίστις피스티스으로 돌아서야 합니다. 죽음 앞에 서기 전에 기독교 믿음πίστις피스티스으로 다시 시작해야 합니다.

기독교는 믿음πίστις피스티스의 신앙입니다. 믿음이 잘못되면 잘못된 기독교를 믿게 됩니다. 믿음이 잘못되면 기독교의 믿음 생활이 잘못됩니다. 믿음이 잘못되면 기독교의 진리가 어긋납니다. 믿음이 잘못되면 기독교의 구원과 멀어집니다. 믿음이 잘못되면 기독교의 천국과 멀어집니다.

기독교의 믿음의 본질에서 벗어난 것은 비단 이단과 사이비만의 문제가 아닙니다. 기독교 믿음의 본질의 자리에 거짓된 종교 지도자들이 있습니다. 기독교 믿음의 본질의 자리에 거대한 대형 교회 건물들이 있습니다. 기독교 믿음의 본질의 자리에 맹신하여 추종하는 수많은 군중 교인들이 있습니다. 기독교 믿음의 본질의 자리에 출세와 성공을 위해 바치는 넘치는 기복 헌금들이 있습니다. 속지 말아야 합니다. 보이는 것들에 속지 말아야 합니다.

　자유의지가 있는 사람만이 미혹을 당하고 세뇌가 됩니다. 맹신하고 맹종하여 추종하는 세력이 늘어나면 집단 최면이 시작됩니다. 오염된 믿음을 확신하기 시작하면 집단 이기성은 높아지고 집단 지성은 현저히 떨어지게 됩니다. 대부분의 오염된 믿음은 하나님과 성경을 오해하는 데서 비롯된 것입니다. 그로 인한 잘못된 해석과 적용으로 사람들을 가르쳐 세뇌하고 미혹하는 것입니다. 한 사람의 오염된 믿음이 왜곡과 변질을 반복하여 미혹의 교리를 만들어 추앙하는 절대적 교주를 세우는 것입니다. 오염되고 변질된 믿음은 불편하고 불쾌하며 폭력적이며 파괴하고 유해합니다. 상식, 양심, 도덕, 윤리, 이성, 인격과는 상당한 거리가 있습니다. 성性을 파괴하여 쾌락을 일삼으며, 생명을 경시하여 살인을 서슴지 않으며, 돈에 환장하여 수단과 방법을 가리지 않고 사기를 치고 있습니다. 거짓과 속임수로 오염되고 변질된 믿음을 위장하고, 외식과 위선으로 오염되고 변질된 믿음을 가리고 있습니다.

　기독교의 믿음πίστις피스티스은 여호와, 예수 그리스도, 성령님의 존재를 믿는 믿음입니다. 기독교의 믿음은 여호와, 예수 그리스도, 성령님이 하나님 되심을 믿는 믿음입니다. 기독교의 믿음은 여호와, 예수 그리스도, 성령님의 행하신 일을 믿는 믿음입니다. 기독교의 믿음은 여호와, 예수 그리스도, 성령님의 말씀인 성경을 믿는 믿음입니다. 기독교의 믿음은 여호와의 창조를 믿는 믿음입니다. 기독교의 믿음은 예수 그리스도의 구원을 믿는 믿음입니다. 기독교의 믿음은 성령님의 교통과 동행을 믿는 믿음입니다. 하나님과 그분의 말씀에 대한 믿음이 기독교 믿음의 본질입니다.

기독교의 바른 믿음πίστις피스티스이 무엇인지 알아야 합니다. 기독교의 바른 믿음으로 믿음을 다시 시작해야 합니다. 기독교의 바른 믿음을 여호와, 예수 그리스도, 성령님 세 분 하나님에게서 찾아야 합니다. 기독교의 바른 믿음을 성경에서 찾아가야 합니다. 성경에서 찾은 기독교의 바른 믿음으로 매일 매일 부단히 애쓰며 살아야 합니다.

기독교의 믿음은 사랑입니다. 기독교의 믿음은 생명입니다. 기독교의 믿음은 일상적이고 평범하고 일반적이고 보편적입니다. 기독교의 믿음은 상식, 양심, 도덕, 윤리, 이성, 인격 안에서 보입니다. 기독교의 믿음은 모두에게 유익하며 어디서든 덕德[1]을 세웁니다. 기독교의 믿음은 속이지 않으며 유해하지 않습니다. 기독교의 믿음은 서로를 존중하며 귀하게 여깁니다. 기독교

---

1) 공정하고 남을 넓게 이해하고 받아들이는 마음이나 행동.

의 믿음은 사람을 사람답게 살게 합니다. 기독교의 믿음은 참 좋습니다. 참 행복합니다. 그리고 세상을 참 아름답게 만들어 줍니다.

기독교의 믿음πίστις피스티스은 기독교의 시작이자 과정이며 끝입니다. 우리는 기독교의 바른 믿음으로 바르게 믿어야 합니다. 우리의 믿음은 반드시 기독교 믿음이어야 합니다. 기독교의 믿음은 세상 믿음의 근간이기도 합니다. 기독교 믿음으로 바르게 믿는 것이 우리의 신앙에 최우선이 되어야 합니다. 기독교의 믿음으로 우리의 신앙을 다시 새롭게 시작하시기를 간절히 기도하고 바라는 마음으로 이 책을 나눕니다.

이천이십사년 삼 월 일 일

일하는 목사 김경민

"예수님을 나의 구주 나의 하나님으로 믿으신 분들은 아멘"
"오늘 죽어도 나는 천국 갈 수 있다고 믿으신 분들만 아멘"
"아멘 하신 분들만 그렇게 될 줄 믿습니다."

아멘이라고 외치면 믿음이 되는 것일까.

기독교의 믿음πίστις피스티스은 입으로 믿는 것이 아니다.
기독교의 믿음πίστις피스티스은 믿음으로 행行하는 것이다.
기독교의 믿음πίστις피스티스은 믿음으로 살아내는 것이다.
기독교의 믿음πίστις피스티스은 행함으로 보여지는 것이다.
기독교의 믿음πίστις피스티스은 믿음으로 행行하는 삶Life이다.

믿음을 단순히 말, 생각, 느낌, 감정의 척도라고 생각한다. 한국 교회의 믿음의 척도는 무엇일까. 교회 건물에 내는 버거운 헌금, 교회 건물에서의 무료 봉사, 교회 건물에서의 무보수 사역, 교회 건물에서의 목숨을 건 헌신, 교회 건물에서 진행되는 모든 예배 및 모임 참석, 교회 건물에서 진행되는 새벽 예배 개근 출석, 목회자들의 말에 맹종하는 것, 목회자들의 설교에 무조건 "아멘" 하는 것, 목회자들을 하나님처럼 높이는 것, 목회자들을 돈으로 잘 섬기는 것, 교회 및 목회자 비리와 범죄를 알고도 침묵하며 기도하는 것, 교회 및 목회자의 비상식과 비윤리 행실을 은혜로 덮어주는 것, 교회 건물에서 기도를 오래 하는 것, 교회 건물에서 성경을 많이 읽고 쓰는 것, 교회 건물에서 옷을 잘 입고 말을 부드럽게 하며 항상 친절하게 대하는 것, 교회 건물에서 정의와 공의보다 은혜와 순종으로 집단 이기성을 보이는 것 등등 왜곡[2]되고 변질[3]된 기독교가 믿음의 척도가 되어있는 현실이다. 종교의 기복주의祈福主義[4]와 인본주의人本主義[5]가 성경 말씀과 혼탁하게 섞여 적당한 유익과 속임이 모두를 만족하게 하는 그 모든 것이 믿음으로 포장되어 성도들을 미혹하고 있는 현실이다.

　기독교의 믿음은 단순히 말, 생각, 느낌, 감정 등이 아니다. 기독교의 믿음은 일상적으로 사람의 말을 믿는 마음과 감정이 아니다. 기독교의 믿음은 믿음으로 사는 것, 믿음으로 행해지는

---

2)　사실과 달리 그릇되게 하거나 진실과 다르게 함.
3)　원래의 성질이 달라지거나 본래의 본질이 변함.
4)　복을 비는 것을 가장 중요하게 여기는 사고방식.
5)　인간이 모든 것의 중심이 된다는 사상.

삶이 곧 믿음이 되어야 한다. 믿음의 헬라어 원어인 피스티스πίστις가 한글 성경으로 번역되면서 단순히 믿음으로 번역된 것이 지금의 믿음의 개념을 왜곡시키고 변질시키는 크나큰 실수를 한 듯하다. 기독교의 믿음 곧 피스티스πίστις는 믿음Faith, 신념 Belief, 신실信實, 성실誠實, 충성忠誠, 의리義理 등의 의미를 점진적으로 포괄하고 있다. 하나같이 행行하는 의미이다. 믿음은 주어가 아니라 보이는 동사動詞[6]이다. 마음과 생각, 말에서 시작된 믿음은 신실과 성실의 행함으로 진행이 되어 충성의 삶으로 완성이 되는 즉 다시 말해 사람이 살아가는 데 있어서 마땅히 지켜야 할 바른 도리가 피스티스πίστις 곧 기독교의 믿음πίστις피스티스인 것이다. 지금의 한국 개신교가 마음과 생각, 말과 감정에 머무르며 허황하고 공허한 믿음에서 허우적거리며 더 이상 앞으로 진전하지 못하고 있는 것은 교회당과 목회자의 굴레 속에 갇혀 이미 죽어버린 믿음이 그 원인이 아닐까 생각한다.

믿음은 바라는 것에만 머물러 있으면 안 된다. 실상實相[7]이 되어야 하고 실제가 되어야 한다. 믿음은 보지 못하는 것들만을 붙잡고 있으면 안 된다. 증거가 되어야 하고 보이는 분명한 현실이 되어야 한다. 하나님이 계신 것을 믿는다는 것은 하나님께서

---

6) 사람이나 사물의 움직임 또는 작용을 나타내는 말.
7) 실제 모양이나 상태.

는 자신을 찾는 자들에게 상賞 주시는 분이심을 믿는다는 것이고, 그러기에 그 하나님을 믿는 우리는 상賞 주심을 위해 살아야 한다. 상賞 받을 짓을 하며 삶을 살아내야 한다. 상賞 받을 짓들은 성경에 너무나도 상세히 기록하고 있다. 그렇기에 기독교의 믿음은 마음의 중심으로 하나님의 말씀을 행行하는 것이다. 믿음으로 사는 것 곧 말씀으로 사는 것 그 자체가 믿음이 되어야 한다. 작금의 한국 개신교 교인들이 말하는 믿음 곧 건물에 갇혀있는 믿음과는 너무나도 거리가 먼 것이다.

변질된 기독교는 어디에서 출발했을까. 변질된 믿음에서 시작한 것이다. 그렇다면 변질된 믿음은 어디에서 출발했을까. 변질된 목회자들의 가르침이다. 교인들은 수많은 시간 동안 목회자들의 거짓과 속임수로 미혹 당했다. 그로 인해 대다수 교인들은 변질된 믿음이 기독교의 믿음이라고 믿고 그렇게 살아온 것이다. 이제는 변질된 기복적 믿음이, 왜곡된 인본적 믿음이 더 기독교 믿음으로 확고해졌다는 것이다. 교회 건물 안에서 사람의 조직과 돈에 갇혀있는 거짓된 목회자들은 기독교 믿음에는 별 관심이 없어 보인다. 기독교 믿음πίστις피스티스으로 살면 지금의 호화호식豪華好食[8]을 누릴 수 없다는 것을 잘 알기 때문이다. 이제는 변질된 믿음이 만들어 준 하나님의 절대 권력의 자리, 수

---

8)   사치스럽고 화려하고 좋은 음식만을 먹음.

고하지 않고 말 몇 마디에 취할 수 있는 돈다발들, 말끝마다 "아멘"하며 절대적 맹종으로 몸도 마음도 다 바치는 맹신적 추종이 저들을 그냥 내버려 두지 않는다. 거짓된 목회자들은 더 지능적으로 더 계획적으로 더 율법적으로 더 외식적으로 미혹하여 기독교의 믿음을 변질시키고 있다. 교회 건물 속에 사람들의 집단이기주의가 그 증거가 될 것이다. 거짓 목회자의 말은 상식과 공정보다, 정의와 공의보다, 하나님의 말씀보다 언제나 앞선다. 미혹된 사람들에게 거짓 목회자의 말은 기독교 믿음처럼 들려지기 때문에 참된 기독교 믿음을 분별할 수 있는 그 어떤 분별력도 없는 그런 소경이 만들어지고 있는 것이다.

희망이 없어 보인다. 대안도 없어 보인다. 교회 건물 안에서 거짓 목회자들을 통해 변질된 믿음을 확신하고 확산하고 있는 사람들에게는 희망도 소망도 없어 보인다. 교회 건물로 돌아가는 것은 모두가 함께 공멸共滅[9]하는 길이다. 거짓 목회자들에게 돌아가는 것은 스스로 망하는 길이다. 기독교의 바른 믿음πίστις피스티스으로 돌아가야 한다. 기독교의 믿음πίστις피스티스을 만나려면 성경으로 돌아가야 한다. 기독교의 믿음πίστις피스티스을 만나려면 예수 그리스도에게로 돌아가야 한다. 성경은 기독교 믿음πίστις피스티스으로 살아가는 사람들의 이야기이며, 기독교

---

9) 함께 사라지거나 멸망함.

믿음πίστις피스티스으로 살아가지 못한 사람들의 이야기다. 기독교 믿음πίστις피스티스으로 살아가는 사람들은 하나님 나라의 임재를 경험하고 영생을 선물로 받지만, 기독교 믿음πίστις피스티스으로 살아가지 못하는 자들은 현실에서도 지옥으로 살고 죽어서도 영벌을 받는 것이다. 예수님께서도 기독교 믿음πίστις피스티스으로 살아가셨다. 종교적인 형식, 건물, 율법에 갇히지 않으시고 기독교 믿음πίστις피스티스으로 삶의 현장에서 믿음의 삶을 살아내셨다. 그 삶을 우리에게 충분히 보여주셨다.

기독교의 믿음πίστις피스티스으로 살아가야 할 이유는 충분하다. 기독교의 구원은 기독교의 믿음πίστις피스티스을 담보하기 때문이다. 기독교 믿음πίστις피스티스은 예수 그리스도로 충분하다. 충분한 대가를 예수 그리스도가 친히 지불하셨다. 하나님이신 예수 그리스도가 인간으로 태어나셨다. 그분이 친히 우리와 함께하셨다. 믿음을 방해하는 모든 인류의 죄를 위해 십자가에 친히 달리셨고 피 흘리심으로 십자가에서 돌아가셨고 사흘 만에 다시 살아나셨다. 부활하신 몸으로 승천하셔서 하나님의 보좌 우편에 앉아 계시며 다시 오심을 기다리고 계신다. 예수 그리스도께서 자신을 믿는 모든 자에게 의롭다 칭하시며 영원한 보증의 칭의를 친히 하고 계신다. 그렇기에 믿음으로 살아 믿음으로 구원을 완성해야 할 보증은 예수 그리스도로 충분하다. 기독교 믿음πίστις피스티스으로 살아내지 못한 삶에 대한 영벌은 이제 더 이상 그 어떤 핑계도 댈 수 없게 되었다.

하나님의 은혜에 의하여 우리의 믿음으로 우리를 구원하시는 하나님의 계획은 완벽하다. 행위로는 구원받을 수 있는 사람이 결단코 단 한 사람도 없다는 하나님의 계획은 완벽 그 자체이다. 죄인 된 우리는 완전한 하나님의 은혜가 있기에 믿음으로 구원을 이루기만 하면 되는데 우리의 믿음이 하나님이 계획하신 믿음과 거리가 먼 믿음인지 점검해야 한다. 하나님께서 원하시는 믿음은 율법의 완성이 아니다. 행위의 공로도 아니다. 그러기에 예수 그리스도를 통한 완전한 구원을 우리에게 선물로 주신 것이다. 단 믿음으로 말미암아 구원을 이룰 수 있는 유일한 조건을 제시한 것이다. 그래서 믿기만 하면 구원을 받는 예수 그리스도는 온 인류의 복음福音이 된 것이다. 예수 그리스도를 믿는다는 것은 말씀이신 예수 그리스도를 믿는 것이고, 그렇기에 믿음으로 살아가는 것은 그분의 말씀대로 살아간다는 말이 되는 것이다.

성경은 두렵고 떨림으로 너희의 구원을 이루라고 말씀하고 있다. 더 나아가 누가 믿지 아니하는 악한 마음을 품고 살아 계신 하나님에게서 떨어질까 조심하라고 경고하고 있다. 다시 말해 한 번의 믿음의 고백이 구원을 영원히 담보 받지 못한다는 의미이다. 언제나 구원에서 떨어질 수 있기에 두렵고 떨린 마음으로 주의 구원을 완성해 가라는 것이다. 말 몇 마디로 "아멘"을 반복한다고 해서 하나님의 구원을 영원히 유지할 수 없다는 것이다. 잘못된 가르침에 속아서는 안 된다. 변질된 믿음에 미혹되어서는 안 된다. 값싼 율법의 행위를 비교할 수도 없는 불가항력적인 십자가의 하나님 은혜에 비교해서는 안 된다. 십자가의 은혜로 말미암아 시작된 믿음이 보여지는 행行하는 믿음으로 살아내지 못하면 결국 율법의 행위, 종교적 기복의 값싼 헛된 구원을 구걸하고 있는 꼴이 될 것이다.

우리의 믿음에 개혁Reformation이 필요하다. 우리에게 원하시는 것은 마음의 태도이다. 감정적 고백이 아니라 믿음으로 말미암은 Life style이다. 우리가 할 수 있는 믿음의 태도는 무엇일까. 최선을 다하는 것이다. 부단히 애쓰는 것이다. 죽을힘을 다하는 것이다. 이런 태도로도 불완전하기에 든든한 두 분의 돕는 자 임마누엘Εμμανουηλ 예수님과 보혜사παρακλητος[10] 성령님을 우리 곁에 보내 주신 것이다. 늘 하나님의 십자가 은혜로 돌아와 또다시 또 또다시 믿음으로 살아내라고 무한 반복의 기회를 돌아오는 모든 자에게 부어하신 것이다. 주님의 은혜와 사랑만 놓치지 않으면 믿음으로 다시 충분히 시작할 수 있다. 그러나 변질된 믿음으로 속이는 자가 있기에, 율법의 행위로 구원을 대

---

10) 헬) 파라클레토스. 변호해주시는 분, 도와주시는 분. 중보자. 위로자. 상담자.

신하려는 자가 있기에 만 가지 중에서 단 한 가지 하지 말아야 할 것은 변질된 믿음 곧 외식과 위선을 결단코 선택하지 말아야 한다. 굳이 그것만은 안 된다고 하시는데 인간은 율법적 행위의 변질된 믿음을 선택하고 있다. 그렇게도 하나님께서 구약의 이스라엘을 통해 결코 안 되는 것을 똑똑히 보여주셨음에도 불구하고 가지 말아야 할 그 변질된 믿음의 길을 선택하는 인간의 어리석음을 통탄하지 않을 수 없는 현실이다. 예수님이 목숨 걸고 만들어 놓으신 그 쉬운 길, 그 복된 길, 그 은혜의 길, 그 믿음으로 사는 길을 마다하는 인간들을 어찌해야 할꼬. 모든 죄인이 기독교의 참믿음으로 살아가는 구원의 길을 선택하길 바란다. 비슷하고 유사한 왜곡되고 변질된 믿음이 아니라 완전한 하나님의 은혜에 의하여 믿음으로 살아내는 삶으로 주어진 구원의 길을 동역하기를 바란다. 하나님의 나라는 기독교 믿음으로 살아가는 백성들이 이루어가는 구원의 방주요, 주님의 교회요, 에덴의 동산이요, 영원한 천국이기 때문이다.

그렇기에 기독교의 믿음πίστις피스티스은 단순한 말과 감정으로 믿는 것이 아니다. 기독교의 믿음πίστις피스티스은 믿음으로 행하는 것이다. 기독교의 믿음πίστις피스티스은 믿음으로 살아내는 것이다. 기독교의 믿음πίστις피스티스은 행함으로 보여지는 것이다. 기독교의 믿음πίστις피스티스은 믿음으로 행하는 삶의 현장이다. 기독교의 참 믿음πίστις피스티스은 믿음의 본질인 예수 그리스도와 그분의 모든 말씀에서 찾아야 한다.

다시 믿음πίστις피스티스으로…
다시 성경의 믿음πίστις피스티스으로…
다시 기독교의 믿음πίστις피스티스으로…

차례
Index

1. 동행하다

Go with

믿	음	으	로		에	녹	은		평	범	한		일
상	을		하	나	님	과		동	행	했	다	.		그
렇	기	에		믿	음	은		일	상	의		동	행	이
다	.												

믿음πίστις피스티스으로 에녹은 평범한 일상을 하나님과 동행했다. 그렇기에 믿음πίστις피스티스은 동행Go with이다.

> "에녹은 육십오 세에 므두셀라를 낳았고 므두셀라를 낳은 후 삼백 년을
> 하나님과 동행하며 자녀들을 낳았으며 그는 삼백육십오 세를 살았더라
> 에녹이 하나님과 동행하더니 하나님이 그를 데려가시므로 세상에 있지
> 아니하였더라"
>
> — 창세기 5:21-24

동행, 365

성경에서 죽음을 보지 않고 천국으로 올라가신 분이 세 분 있다. 에녹, 엘리야, 예수님이다. 성경에서 엘리야와 예수님의 기록보다 에녹의 기록은 그 분량이 너무 적다. 그럼에도 불구하고 히브리서는 에녹을 믿음으로 살아온 믿음의 사람으로 분명히 기록하고 있다. 또한, 그는 예수님처럼 죽음을 보지 않고 하늘로 승천한 사람이다. 그 이유를 찾아보고 싶다. 성경은 에녹이 65세에 성경의 최장수 인물인 므두셀라를 낳았고 그 후 300년을 하나님과 동행하며 자녀를 낳았다고 기록하고 있다. 그의

기록은 365세를 살며 자녀를 낳은 것과 그동안 하나님과 동행한 것이 기록 전부이다. 하나님께서 보신 에녹의 믿음 즉 에녹이 믿음으로 살아간 것이 무엇일까.

자녀를 낳은 것, 자녀를 양육하는 것, 자녀를 위한 생존을 책임지는 것, 자녀를 통한 삶의 희로애락을 경험하는 것 이것은 모든 사람의 평범한 일상이며 인생이다. 먹고 살기 위해서 고생을 감내하는 평범한 일상이다. 남편으로, 아버지로, 할아버지로, 가장으로, 남자로서, 한 인간으로, 어쩌면 한 마을의 지도자로, 평범한 국민으로 우리 모두가 그렇게 살아가는 것은 평범한 한 인간의 일생이기도 하다. 에녹도 여느 평범한 사람과 마찬가지였다. 에녹은 책임을 버거워하고, 고독함에 외로워하고, 답답함에 고민하고, 뜻대로 되지 않아 분노하고, 뒤돌아보며 후회하고, 울컥하여 우울해하고, 눈물지으며 아파하고 그러면서 웃으며 기뻐하고, 감사하고 감동되고, 보람되고 행복하며, 귀하게 사랑하는 그저 평범한 일상을 살아가는 그런 흔한 인생의 한 사람이었다.

그런 그가 무엇으로 그의 믿음을 증명하고 있는가. 그의 평범한 일상의 모든 삶을 하나님과 동행同行한 것이다. 에녹은 기쁘고 슬픈 일상도 하나님과 동행했다. 에녹은 건강하고 아픈 일상도 하나님과 동행했다. 에녹은 평안하고 고통스러운 일상도 하나님과 동행했다. 에녹은 행복하고 우울한 일상도 하나님과 동행했다. 에녹은 풍성하고 궁핍한 일상도 하나님과 동행했다. 에녹은 가볍고 버거운 일상도 하나님과 동행했다. 에녹은 평범하고 특별한 일상도 하나님과 동행했다. 에녹은 쉴 때도 열심히 일할 때도 하나님과 동행했다. 에녹은 성공할 때도 실패할 때도 하나님과 동행했다. 에녹은 혼자일 때도 함께 할 때도 하나님과 동행했다. 에녹은 강할 때도 연약할 때도 하나님과 동행했다. 에녹은 모든 감정, 모든 관계, 모든 삶, 모든 사람, 모든 곳, 모든 상황에서 하나님과 늘 동행하며 살았다. 에녹은 평범한 일상에서 한 걸음 한 걸음 늘 하나님과 함께 걸었던 사람이다. 그것뿐이다. 그것이 전부이다. 하나님 그분과 함께 걷는 것, 하나님 그분과의 동행, 그것이 에녹이 믿음으로 살아낸 믿음의 삶이다.

임마누엘 לאו𝖎𝖒𝖚 Ἐμμανουήλ

하나님의 임마누엘[11]이 예수이다. 신이신 하나님이 죄인인 우리와 함께하시는 것 자체가 기적이고 사랑이다. 하나님이 우리와 함께해 주시는 것은 참으로 황송한 일이다. 가문의 영광이 아닐 수 없다. 그런데 그분이 일상의 모든 것을 우리와 함께

---

11) 하나님이 우리와 함께 계시다.

동행하시기를 그렇게 원하신다. 그런데 주님은 외로우시다. 짝사랑으로 늘 고독하시다. 우리는 그분을 신전이나 특별한 곳에 모셔 놓고 우리가 필요할 때만 찾아가서 도움을 청하는 그런 슈퍼맨 같은 절대 우상으로 대하고 있다. 우리는 일상의 곁을 그분에게 내어주지 않는다. 하나님께서는 일상을 늘 우리와 함께하고 싶어 하신다. 먹고 마실 때도, 일할 때도, 운동할 때도, 여행할 때도, 혼자 있을 때도, 모여 있을 때도, 멋진 커피숍에서 차 한잔할 때도, 방구석에서 뒹굴며 TV를 볼 때도, 둘레길을 걸을 때도, 지리산 천왕봉을 오를 때도, 캠핑장에서 불멍을 때릴 때도, 시험을 준비할 때도, 시험장에서도, 출근하고 퇴근할 때도, 공부가 하기 싫어 몰래 게임을 할 때도, 애인에게 차여서 실연의 아픔으로 모든 것이 다 포기하고 싶을 때도, 자녀들 때문에 속상할 때도, 아내와 갈등이 있을 때도, 엄마에게 문제집 값을 속일 때도, 선생님 몰래 수업을 빼먹을 때도, 돈을 많이 벌고 싶은 욕심이 가득할 때도, 마음에 미움과 시기, 불평과 원망이 가득할 때도…. 그러나 우리는 하나님을 필요할 때만 찾는다. 돈이 필요할 때, 몸이 아플 때, 성공이 필요할 때, 마음이 힘들 때, 억울한 일을 당할 때, 힘이 필요할 때 그렇게 필요할 때만 하나님을 찾는다. 반면에 우리는 하나님과의 동행을 불편해할지 모른다. 마음대로, 원하는 대로, 하고 싶은 대로 할 수 없기 때문이다. 죄악의 자리, 불순종의 자리, 거짓의 자리에서는 하나님이 불편하기 때문이다. 말씀대로 살아가지 않는 모든 자리에서는 하나님이 불편하기 때문이다. 그래서 하나님을 교회 건물에 모셔 놓고 주일마다 아니 자신이 필요할 때만 찾고 도움을 청하고 있다. 마치 그곳에 가면 언제나 볼 수 있는 불상처럼, 마치 필요할 때 그때마다 즉시 꺼내 볼 수 있는 부적처럼 하나님을 우상으로 생각하는 것이다.

하나님은 늘 우리와 함께하신다. 문제는 우리가 늘 주님과 함께하지 않는 것이 문제이다. 주님은 우리와 늘 동행하시는 것이 좋으신데 우리는 주님과 늘 동행하는 것에 불편해한다. 에녹의 믿음은 일상의 모든 삶을 하나님과 동행하는 믿음이었다. 마음을 감찰하시는 하나님과의 동행은 에녹의 벌거벗은 모든 것을 보이는 일이지만 에녹은 그렇게 믿음으로 하나님과 동행했다. 죄인으로 살아가는 자신의 모든 일상을 있는 그대로 하나님께 보이며 하나님과 동행하는 것이 에녹의 믿음이었다. 믿음으로 에녹은 나약한 일상도, 부족한 일상도, 실수하는 일상도, 잘못하는 일상도, 말씀대로 살아가지 못하는 일상도, 불순종하는 일상도, 죄인의 일상도 하나님과 늘 동행하는 삶을 살았다. 그러면서 믿음으로 에녹은 하나님과 동행하기 위해 늘 최선을 다하는 일상을 살았다. 믿음으로 에녹은 하나님의 말씀대로 살아가기 위해 늘 부단히 애쓰는 일상을 살았다. 에녹은 모든 것을 아시는 하나님을 믿는 믿음의 사람이었다. 하나님께서는 그런 에녹과 늘 동행하셨고 그 에녹의 믿음을 너무 귀하게 보셨다.

그래서 하나님께서는 에녹을 죽음을 보지 않고 천국으로 데려 갔던 것이다. 에녹은 임마누엘의 은혜와 복을 누렸던 사람이다. 절대자 신이신 하나님과 동행하는 것이 은혜 중에 은혜이며 복福 중에 복福임을 믿었기에 믿음으로 평범한 일상의 모든 것을 하나님과 동행할 수 있었다. 일상을 하나님과 동행하는 것은 영광 그 자체이다. 믿음으로 하나님과 동행하는 에녹의 일상의 삶은 그 자체가 하나님의 나라 곧 천국이었다. 하나님이 계신 곳 그곳이 천국이 아니면 어디가 천국이겠는가. 믿음으로 에녹은 평범한 일상에서도 하나님과 함께 동행했고 목숨을 다한 후에도 자연스럽게 죽음을 보지 않고 하나님과 동행하게 된 것이다. 믿음으로 에녹은 평범한 일상을 하나님과 동행하며 그 어디나 하늘나라로 살아간 것이다. 높은 산이, 거친 들이, 초막이나, 궁궐이나 에녹에게는 문제가 되지 않았다. 하나님과 동행하는 그 어디나 하늘나라가 되었기 때문이다. 믿음으로 평범한 일상의 모든 것을 하나님과 동행함으로 늘 하늘나라로 살아갔던 에녹이 죽음을 보지 않고 하늘나라로 간 것은 전혀 이상하지 않은 일이다. 에녹처럼 믿음으로 평범한 일상을 하나님과의 동행하는 것은 믿음의 12)진수眞髓 중에 진수이다. 우리는 에녹처럼 믿음으로 일상을 하나님과 동행하는 믿음의 삶을 살아야 한다.

---

12) 사물의 가장 중요한 본질적인 부분.

동행 *Go with*

우리 주님은 늘 언제나 늘 가까이 우리와 함께하신다. 주님께서는 평범한 모든 일상을 늘 언제나 우리와 동행하고 싶어 하신다. 주님께서 늘 먼저 기다려주시고 늘 먼저 참아주시고 늘 먼저 져주시고 늘 먼저 용서하시고 늘 먼저 잊어버리시고 늘 먼저 다가오시고 늘 먼저 말을 걸어주시고 늘 먼저 바라봐 주시고 늘 먼저 믿어주시고 늘 먼저 사랑해 주신다. 우리 주님은 늘 언제나 늘 가까이 평범한 일상의 모든 것을 우리와 함께하기를 간절히 원하시고 바라고 기대하고 계신다. 믿음은 우리 주님과 평범한 일상을 늘 언제나 함께하는 동행이다. 믿음으로 주님과의 동행을 시작하는 믿음의 여정을 지금 시작하는 신실한 그리스도인이 되기를 바란다. 믿음으로 주님께 우리의 모든 일상의 곁을 내어 주는 아름다운 동행을 시작하기를 기도한다. 믿음으로 시작한 일상의 동행 여정이 닿는 곳마다 주님의 교회가 될 것이며 밟는 곳마다 하나님의 나라가 될 것이며 결국 도착하는 그곳이 영원한 천국이 될 것이다. 일상의 평범한 삶의 현장이 믿음의 승부처가 되게 해야 한다. 주술적이고 괴이하고 신비한 현상으로 미혹을 받아 왜곡되고 변질된 믿음의 현장에서 평범한 일상을 하나님의 나라로 살아가는 기독교의 믿음πίστις피스티스으로 다시 돌아가야 한다. 그러므로 기독교의 믿음πίστις피스티스은 에녹처럼 평범한 일상에서 하나님과 동행하는 삶이다.

기독교의 믿음πίστις피스티스으로 에녹은 평범한 일상을 하나님과 동행했다. 그렇기에 기독교의 믿음πίστις피스티스은 동행Go with이다.

다시 기독교의 믿음πίστις피스티스으로 우리는 평범한 일상을 주님과 동행해야 한다.

다시 믿음πίστις피스티스으로…
다시 성경의 믿음πίστις피스티스으로…
다시 기독교의 믿음πίστις피스티스으로…

2. 성화되다

Sanctification

믿	음	으	로		아	브	라	함	은		어	제	보
다		오	늘	을		오	늘	보	다		내	일	이
더		성	장	하	고		성	숙	하	는		성	화	의
삶	을		살	았	다	.		그	렇	기	에		믿	음
은		성	화	이	다	.						

믿음πίστις피스티스으로 아브라함은 어제보다 오늘을 오늘보다 내일이 더 성장하고 성숙하는 성화의 삶을 살았다. 그렇기에 믿음πίστις피스티스은 성화Sanctification[13]이다.

> "그 일 후에 하나님이 아브라함을 시험하시려고 그를 부르시되 아브라함아 하시니 그가 이르되 내가 여기 있나이다 여호와께서 이르시되 네 아들 네 사랑하는 독자 이삭을 데리고 모리아 땅으로 가서 내가 네게 일러준 한 산 거기서 그를 번제로 드리라 아브라함이 아침에 일찍이 일어나 나귀에 안장을 지우고 두 종과 그의 아들 이삭을 데리고 번제에 쓸 나무를 쪼개어 가지고 떠나 하나님이 자기에게 일러 주신 곳으로 가더니 제삼일에 아브라함이 눈을 들어 그곳을 멀리 바라본지라 이에 아브라함이 종들에게 이르되 너희는 나귀와 함께 여기서 기다리라 내가 아이와 함께 저기 가서 예배하고 우리가 너희에게로 돌아오리라 하고 아브라함이 이에 번제 나무를 가져다가 그의 아들 이삭에게 지우고 자기는 불과 칼을 손에 들고 두 사람이 동행하더니 이삭이 그 아버지 아브라함에게 말하여 이르되 내 아버지여 하니 그가 이르되 내 아들아 내가 여기 있노라 이삭이 이르되 불과 나무는 있거니와 번제할 어린 양은 어디 있나이까 아브라함이 이르되 내 아들아 번제할 어린 양은 하나님이 자기를 위하여 친

---

13) 하나님의 은총으로 의롭게 된 사람이 성령으로 말미암아 거룩하게 변화되어감.

히 준비하시리라 하고 두 사람이 함께 나아가서 하나님이 그에게 일러 주신 곳에 이른지라 이에 아브라함이 그곳에 제단을 쌓고 나무를 벌여 놓고 그의 아들 이삭을 결박하여 제단 나무 위에 놓고 손을 내밀어 칼을 잡고 그 아들을 잡으려 하니 여호와의 사자가 하늘에서부터 그를 불러 이르시되 아브라함아 아브라함아 하시는지라 아브라함이 이르되 내가 여기 있나이다 하매 사자가 이르시되 그 아이에게 네 손을 대지 말라 그에게 아무 일도 하지 말라 네가 네 아들 네 독자까지도 내게 아끼지 아니하였으니 내가 이제야 네가 하나님을 경외하는 줄을 아노라 아브라함이 눈을 들어 살펴본즉 한 숫양이 뒤에 있는데 뿔이 수풀에 걸려 있는지라 아브라함이 가서 그 숫양을 가져다가 아들을 대신하여 번제로 드렸더라 아브라함이 그 땅 이름을 여호와 이레라 하였으므로 오늘날까지 사람들이 이르기를 여호와의 산에서 준비되리라 하더라"

— 창세기 22:1-14

아브람이 아브라함으로

아브라함의 아버지 데라는 갈대아 우르에서부터 가정 및 개인의 수호신인 목각 우상을 만들었던 사람으로 추정된다. 그런 환경에서 장자로 자란 사람이 아브라함이다. 온 가족이 하란으로 이주하여 하나님의 부르심을 받은 75세의 아브람은 그야말로 여호와 하나님을 향한 믿음이 전혀 없었던 것으로 추정된다. 물론 우상을 향한 신심信心은 그 누구보다 진심이었을 것이다. 하란에서의 부르심에 본토 친척 아비 집을 떠나 낯선 환경과 불안전한 미래임에도 불구하고 가나안 땅을 향한 불확실한 믿음의 여정을 순종하는 아브라함의 첫 믿음은 참 대단하다는 생각이 든다. 마치 첫사랑의 뜨거운 만남으로 환경과 상황을 계산하지 않고 순종하는 순수한 처음 신앙을 보는 듯하다. 아브라함을 믿음의 조상이라고 하는데 많은 사람이 처음부터 아브라함이 성숙하고 원숙한 신실한 믿음으로 살았을 거로 생각한다. 아브람은 처음부터 아브라함이 될 수 없었다. 75세의 우상숭배자 아브람이 175세의 믿음의 조상 아브라함이 되기까지 연단과 성숙의 시간, 100년의 긴 시간이 필요했다. 우리는 아브람이 아브라함으로 모든 믿는 자의 조상이 된, 믿음으로 살아낸 성화聖化의 시간 100년에 주목해야 한다.

애굽 왕 바로와 그랄 왕 아비멜렉

사람이 똑같은 실수를 두 번 반복하기는 쉽지 않다. 사소한 잦은 실수가 아니라 목숨을 담보로 하는 실수라면 그 의미는 더욱더 무거워진다. 자칫 자신의 거짓말로 모두가 죽을 수 있는 상황을 두 번이나 만든 사람이 있다. 아브람이다. 예루살렘 근교인 헤브론에 정착했던 아브람은 두 번이나 이주를 생각했다. 한 번은 기근이요 한 번은 별다른 이유를 찾을 수 없다. 아마도 둘 다 살길을 찾아 생존을 위해 피치 못한 결정을 했을 것으로 추측한다. 일반적으로 기근 같은 상황에서 대부분의 사람은 물과 초지를 찾아 떠날 것이다. 그렇듯 아브람도 일반 사람들과 별반 다르지 않았다. 그런 상황에서 아브람은 자신이 살기 위해 절대로 하지 말아야 할 결정을 하게 된다. 자신의 아내를 누이라고 속인 것이다. 아브람은 바로에게도, 아비멜렉에게도 같은 거짓말을 했다. 그때 당시 왕은 유부녀가 된 다른 남자의 아내를 자신의 여자로 취할 수 없었다. 아브람은 사라를 자신의 아내라고 했을 때 왕이 취할 수 없다는 이유로 자신과 모든 일행을 죽일 수도 있다고 판단했다. 그 이유는 자신의 아내가 너무 예뻤기 때문이다. 그래서 누이라고 거짓말을 했던 것이다. 자신과 일행이 죽는 것보다 아내가 왕에게 수종 드는 것이 더 낫다고 판단한 모양이다. 그런 아브람의 이기적이고 계산적인 모습에도 불구하고 하나님께서는 하나님의 방법으로 사라도 구하고 아브람과 그 일행들의 목숨도 보전할 수 있도록 해 주었다. 그것도 한 번이 아니라 두 번씩이나 아브람을 도와주었다. 부르심에 모든 것을 뒤로한 채 떠났던 아브람의 믿음에 잘 어울리지는 않지만 아브람은 모리아산을 향한 어린아이 같은 믿음의 여정을 이렇게 시작한 것이다.

소돔과 고모라

아브람은 동생의 자녀인 롯을 돌보았다. 동생 하란이 일찍 죽었기 때문이다. 롯은 장성하여 자신의 종들을 거느리며 자신의 양들을 치게 되었다. 그 수요가 늘어나자 큰아버지의 종들과 잦은 충돌이 일어났다. 이로 인해 아브람은 조카 롯과 계속해서 함께 할 수 있을지, 각자 독립하여 분가할지를 조카 롯의 의견을 먼저 존중하여 물었다. 롯이 선택한 곳은 소돔과 고모라 곧, 잘 사는 도시였다. 반면에 아브라함이 선택한 곳은 도시가 아닌 광야였다. 어른으로서 아브람은 조카 롯에게 양보하는 성숙한 믿음을 보였다. 시간이 흘러 소돔과 고모라는 타락의 도시, 죄악의 도시가 되었다. 아브람의 조카 롯은 여전히 거기에 살고 있었다. 죄악이 관영한 소돔과 고모라를 멸망하기 위해 하나님께서는 천사들을 보내었다. 소돔과 고모라를 심판하기 위해 길을 가던 여정 중에 천사들은 아브람을 만나 극진한 대접을 받았다. 아브람은 조카 롯이 있는 소돔과 고모라 성을 심판하는 천사들인 것을 알고 목숨을 걸고 롯을 살리기 위해 의인을 함께 심판할 수 없다는 이유로 소돔과 고모라 성의 멸망을 막고자 했다. 결국, 의인 다섯 명이 없는 소돔과 고모라는 불바다가 되었다. 그럼에도 불구하고 아브람의 기도는 조카 롯과 그의 두 딸을 살려내는 생명지기가 되어 주었다. 이기적이고 계산적인 조카를 믿음으로 목숨을 걸고 살리고 있는 아브람의 성장하는 모습을 볼 수 있다.

하갈과 이스마엘

아브람과 사라에게는 자녀가 없었다. 신실한 종 엘리에셀에게 가문을 상속하겠다 마음먹은 아브람에게 자녀를 주시겠다는 하나님의 약속, 자손을 하늘의 별처럼 바닷가의 모래처럼 주시겠다는 하나님의 약속이 생각지도 못한 방향으로 가게 되었다. 이미 폐경이 된 아내 사라가 아니라 몸종 하갈에게서 그 약속을 계획했다. 누구에게나 합리적이고 납득이 되는 방법은 아내가 보낸 젊은 몸종 하갈에서 낳은 자식이었다. 그로 인해 그렇게 하나님의 약속을 자신들의 방법으로 변경하여 이스마엘을 얻게 되었다. 인간의 뜻과 방법이 하나님의 뜻과 방법보다 우선하여 모두에게 상처와 고통만을 남기게 되었다. 임신하지 못해 몸종을 남편에게 들여보내야 하는 사라도 상처, 주인의 뜻에 따라 자신의 몸을 빌려 주인의 아들을 낳아 내어주어야 하는 하갈도 상처, 아무것도 모른 채 태어나 서자[14]의 고통을 감내하며 살아야 하는 이스마엘도 상처, 아내의 상황도 몸종 하갈의 상황도 태어난 아들 이스마엘의 상황도 받아들일 수밖에 없는 아브

---

14) 본부인이 아닌 첩이나 다른 여자에게서 난 아들.

람도 상처, 그렇게 모두에게 상처만 남았다. 아브람은 믿음으로 산다는 것이 모든 것에 하나님의 뜻대로 형통할 수 없다는 것을 알게 되었다. 믿음으로 모든 아픔과 상처를 감내하는 성숙을 이루어가는 아브람이다.

모리아산

믿음의 조상 아브라함은 어떻게 완성되었을까. 상처와 아픔 가운데 100세에 자신의 아내 사라의 몸에서 아들 이삭을 얻었다. 하나님의 약속으로 주신 금지옥엽金枝玉葉[15]의 아들이다. 아브람에게도 기쁨이지만 사라에게는 이루 말할 수 없는 기쁨이었을 것이다. 그로부터 15년의 세월이 흘렀다. 아브람은 45년 전 본토 친척 아비 집을 떠나 하나님이 지시한 땅으로 가라는 이주 명령보다 더 고통스럽고 혼란스러운 하나님의 말씀을 들었다. 100세에 얻은 아들 이삭을 제사의 제물로 바치라는 것이다. 살아있는 어린 장자를 제물로 바치는 종교의식을 하나님의 부르심이 있기 전에 간접 경험한 아브라함도 100세에 얻은 자신의 귀한 아들을 제물로 바치는 것은 결코 쉬운 일이 아니었을 것이다. 아내인 사라는 더더욱 아들 이삭을 내어줄 수 없는 일이었

---

15) 귀한 자손을 이르는 말.

을 것이다. 믿음으로 성숙해 가는 아브라함은 어떤 마음이었을까. 주님의 말씀을 들은 다음 날 아침 동이 떠오르기도 전 새벽 미명에 아브라함은 종들에게 제사에 쓸 나무를 챙기게 하고 아들 이삭과 함께 모리아산을 향해 3일 길을 떠난다. 어쩌면 아내 사라가 자고 있는 시간인 듯도 보인다. 경수[16]가 끊어진 후 얻은 아들, 해산의 고통으로 얻은 귀한 아들을 번제의 제물로 내어줄 수 없는 것이 사라의 마음. 아니, 모든 어머니의 마음이었을 것이다. 그런 아내의 마음을 잘 알기에 잠든 아내를 뒤로한 채 길을 나선 것이다. 아브라함 또한 하나님의 말씀을 들은 후에 한숨도 잠을 이루지 못했을 것이다. 모두가 잠든 시간 밤새 여러 생각을 뒤로한 채 제물에 쓸 나무와 3일 여정에 먹을 음식을 준비했을 것이다. 잠든 아내의 얼굴을 보며 45년의 세월과 그 시간 속에서 일어났던 일들을 생각했을 것이다. 부르심으로부터 이삭 출생까지의 중심에 하나님이 계심을 돌아봤을 것이다. 모두가 정리되지 않은 생각을 뒤로한 채 모리아산을 향한 3일 길을 출발한 것이다. 3일 길을 걷는 동안 아브라함은 어떤 생각을 했을까. 어떤 마음이 들었을까. 그러나 모리아산 밑에 도착한 아브라함은 거침이 없었다. 한 치의 주저함도 망설임도 없었다. 산 위 제단에서 종들이 만류할 것을 알기에 오직 아들 이삭만을 데리고 마지막 남은 산행을 시작하는 아브라함의 모

---

16) 성숙한 여자의 자궁에서 약 28일을 주기로 출혈하는 생리 현상.

습은 상당히 심오한 믿음의 결단을 볼 수 있는 장면이다. 산 위 제단에 도착하였다. 아브라함은 나무와 불은 있지만, 제물이 없다는 아들 이삭의 질문에 한 치의 망설임도 없이 아들을 결박하였다. 성인이 된 아들을 100세가 넘는 아버지가 강제로 결박하는 것은 불가능한 일이다. 성인이 된 아들 이삭이 스스로 결박을 결정하고 제단에 눕지 않으면 안 되는 일이다. 그렇게 한 치의 망설임 없이 결박하는 아브라함이나 결박을 당하여 제단에 눕는 아들 이삭이나 두 사람의 믿음은 참으로 대단해 보인다. 제단에 결박되어 제물이 된 아들 이삭을 향해 칼을 들어 단번에 내리치려는 아브라함의 모습을 그려본다. 그때 어디선가 들려오는 다급한 하나님의 음성이다. 아브라함아! 아브라함아! 얼마나 급하셨던지 두 번이나 부르시며 아브라함을 중단시키신다. 그리고 조금 전까지 보이지 않았던 수풀에 걸린 어린 양을 보여주셨다. 여호와 이레![17] 하나님께서 아브라함이 이처럼 하나님을 경외하는 줄을 확인하는 감격의 순간이다. 믿음으로 부단히 애쓰며 살아온 아브라함의 믿음의 절정을 보는 순간이다. 한 계단 한 계단 성장하고 성숙해 온 아브라함의 믿음은 하나님께서도 인정하는 그런 믿음이 된 것이다. 그렇기에 믿음은 믿음으로 살아가는 성화의 전 과정이라 하겠다. 성화 그 자체가 믿음이다.

---

17) 여호와께서 보심. 또는 여호와께서 준비하심.

헤브론 막벨라 굴

아브라함은 아내 사라가 죽자 아내를 장사할 가족 묘지를 찾았다. 아내 한 사람의 묘지가 아닌 이후 후손들이 함께 묻힐 넓은 땅을 찾았다. 아브라함이 거주하는 헤브론은 가나안 땅 헷 족속 원주민이 함께 거주하는 곳이다. 대부분의 땅이 원주민의 소유였다. 아브라함은 헷 족속 사람들에게 정중하게 부탁한다. 50년을 그곳에서 살아왔지만, 여전히 자신을 나그네로 거류하는 자로 낮추고 아내를 매장할 땅과 묘실을 만들 수 있도록 부탁하고 있다. 헷 족속의 원주민들은 아브라함을 그들 가운데 하나님이 세우신 지도자로 인정하며 묘실 중에 택한 것은 어느 것이라도 죽은 자를 장사할 수 있도록 내어준다고 하고 있다. 헷 족속 가운데 함께 하던 소할의 아들 에브론은 막벨라 굴이 있는 밭의 주인이었다. 아브라함은 충분한 대가로 그 막벨라 굴을 포함한 밭을 살 수 있는지 정중히 부탁한다. 에브론은 성문에 들어온 헷 족속의 모든 자가 듣는 데서 아브라함에게 그 밭과 막벨라 굴을 주겠다 약속하며 죽은 자를 장사하라고 한다. 아브라함은 그냥 주겠다는 에브론에게 밭과 막벨라 굴의 값 400세겔을 지급하고자 했지만 에브론은 극구 사양한다. 그럼에도 불구하고 아브라함은 언제나 땅의 소유가 바뀔 수 있고 이동하여 목축하는 생계의 특성을 고려하여 값을 지급하여 밭과 굴을 구매한다. 다음 세대 후손들이 어디에 있든 이곳 막벨라 굴에 장사할 수 있도록 값을 지급하여 이곳 막벨라 굴이 있는 밭이 영원히 아브라함의 땅이며 묘지임을 확실히 해 놓았다.

믿음으로 살아온 아브라함의 삶은 성숙함을 넘어 원숙함을 찾아볼 수 있다. 함께하는 모든 사람 특히 헷 족속의 원주민들과 밭의 주인인 에브론은 공짜로 밭을 아브라함에게 주는 것에 전혀 불편함과 부담감이 없었다. 이는 헷 족속 원주민들 곧 이방인들도 하나님을 향한 믿음으로 살아가는 아브라함의 원숙한 믿음을 인정했다는 것이다. 믿음으로 살아가는 아브라함의 성숙한 삶은 하나님을 모르는 원주민들에게는 살아계신 하나님을 볼 수 있는 화면이 되었고, 우상숭배로 살아가는 자신들에게 생명의 주인 되신 여호와를 만나는 기회가 되었다. 성숙한 믿음을 넘어 원숙한 믿음으로 살아가는 아브라함은 이방인들과 함께 하나님의 나라를 이루며 하나님의 백성으로 살아온 것임을 알 수 있다. 이는 성화의 삶을 살아가는 아브라함의 믿음인 것을 확인하는 것이다. 또한, 아브라함은 공짜로 주겠다는 에브론의 밭과 막벨라 굴을 대가를 지불하고 소유했다. 믿음으로 사는 자는 수고하여 애쓴 대가로 살아가야 함을 보여주고 있다. 후원과 기부를 받아 충분히 자신의 소유로 삼을 수 있었지만, 아브라함은 결코 공짜로 취하지 않았다. 정당한 대가를 지불하고 밭과 막벨라 굴을 소유하였다. 믿음으로 아브라함은 삶과 인격, 존경과 권위를 통해 이방인들로부터 충분한 인정을 받고 있었다. 그럼에도 불구하고 아브라함은 자신의 이익이나 영달을 위해 그러한 자신의 지위나 권세를 전혀 사용하지 않았다. 성숙을 넘어 원숙함의 성화를 이루어가는 아브라함의 믿음은 믿음으로 한 계단 한 계단 나아가는 진정한 그리스도인의 모습을 보여주고 있다.

성화 *Sanctification*

변화가 없는 기독교인들을 본다. 개혁하지 않는 기독교인들을 본다. 교회는 다니는데 자기 마음대로 사는 자들을 본다. 예수님을 믿는다고 하는데 예수님과 전혀 상관없이 사는 자들을 본다. 왜곡된 말씀을 전하는 거짓 목회자들의 비호를 받아 불법과 불의도 더욱 견고히 하며 살아가는 자들을 본다. 교회는 잘못된 면죄부를 남발하여 불법과 불의의 기복 헌금과 면죄 헌금을 창고에 차고 넘치게 쌓아가는 것을 본다. 타고난 기질과 천성을 앞세워 자신의 성질과 성격은 바뀌지 않는다는 핑계로 양심과 상식에도 맞지 않는 꼬라지와 몽니를 부리고 있는 교인들을 본다. 외식하는 목회자들에게 위선을 배워 옷과 화장, 말투와 친절로 참과 진실을 위장하는 그런 교인들을 본다. 교회에서의 모습과 가정의 모습이 다른 교인들을 본다. 교회에서의 모습과 직장의 모습이 다른 교인들을 본다. 교회에서의 모습과 삶의 현장의 모습이 다른 교인들을 본다. 무대 위에서 모습과 삶의 현장의 모습이 다른 사람들을 본다. 높은 자를 대할 때와 낮은 자를 대할 때가 다른 사람들을 본다. 부자를 대할 때와 가난한 자를 대할 때가 다른 사람들을 본다. 보일 때의 모습과 보이지 않을 때의 모습이 다른 사람들을 본다. 변화가 아니라 변질의 모습뿐이다. 어제보다 오늘이 오늘보다 내일이 외식과 위선으로 더욱 변질하여 가고 있다. 이런 자들이 믿는 자들이라고 하고 있다.

　기독교는 변화하는 신앙이다. 기독교는 개혁[18]하는 신앙이다. 자신을 변화하고 개혁하는 신앙이 기독교이다. 교회와 성도들이 칭의에 머물러 있다. 하나님의 양자로 불러주신 그날에만 머물러 있다. 일방적인 은혜로 신분을 양자로 바꾸어 주었는데, 십자가의 사랑으로 의롭게 칭해 주었는데 양자답게 살아가지 않는다. 양자의 신분을 갖고 불순종의 자식으로, 거짓의 자식으로, 외식하는 자로, 불의로 경건치 않은 자로, 허물과 죄로 죽은 자로, 율법에 매인 자로, 고집과 회개하지 않는 자로, 마음에 하나님이 없는 자로, 죄의 종노릇 하는 자로 살아간다. 양자는 양자로 살아갈 때 양자가 되는 것이다. 믿음은 칭의[19]를 받은 죄인

---

18)　본질의 상태로 돌아가는 것.
19)　의롭다 칭함을 받음.

이 성화[20]로 살아갈 때 완성이 되는 것이다. 성화는 주님을 사랑하는 것이다. 성화는 주님을 닮아가는 것이다. 성화는 주님의 말씀을 실천하는 것이다. 성화는 그렇게 믿음으로 살아가려고 부단히 애쓰고 죽을힘을 다해 최선을 다하는 것이다. 가만히 내버려 두면 저절로 이루어지는 것이 아니다. 아멘 몇 마디로 유지되는 것이 아니다. 교회당 같은 종교시설에서 죽도록 봉사하고 헌신만 하는 것이 성화의 삶이 아니다. 거짓된 목회자들을 하나님처럼 여기고 돈으로 맹종으로 섬기고 떠받드는 것이 성화의 삶이 아니다. 성화는 삶의 현장에서 믿음으로 하나님을 사랑하고 사람을 사랑하는 일에 하루하루 부단히 애쓰고 최선으로 죽을힘을 다하는 삶이다. 성화는 우리의 삶으로 살아계신 하나님을 보여주는 분명하고 선명한 화면이 되게 하는 것이다. 믿는 자의 삶의 화면은 흑백에서 칼라로, 2D에서 5D로, FHD[21]에서 OLED[22]로 바뀌어야 한다. 성화의 삶은 믿음으로 희미해진 우리의 믿음의 화면을 선명하고 분명하게 살아내는 것이다. 성화의 삶은 믿음으로 희미해진 하나님의 모습을 선명하고 분명하게 보이는 삶을 사는 것이다. 그러므로 기독교의 믿음πίστις피스티스은 아브라함처럼 날마다 성장하고 성숙하는 성화의 삶이다.

---

20) 하나님의 은총으로 의롭게 된 사람이 성령으로 말미암아 거룩하게 되어감.
21) 해상도 중 높은 해상도.
22) 현재 해상도 중 가장 높은 해상도.

기독교의 믿음πίστις피스티스으로 아브라함은 어제보다 오늘을 오늘보다 내일이 더 성장하고 성숙하는 성화의 삶을 살았다. 그렇기에 기독교의 믿음πίστις피스티스은 성화Sanctification이다.

다시 기독교의 믿음πίστις피스티스으로 우리는 성화 되어야 한다.

다시 믿음πίστις피스티스으로…
다시 성경의 믿음πίστις피스티스으로…
다시 기독교의 믿음πίστις피스티스으로…

다시
믿음
으로

3. 해석하다

Interpretation

	믿	음	으	로		요	셉	은		애	굽	의		종
살	이	와		옥	살	이	를		누	구	의		탓	으
로		돌	리	지		않	고		하	나	님	의		일
하	심	으	로		해	석	했	다	.		그	렇	기	에
믿	음	은		해	석	이	다	.						

믿음πίστις피스티스으로 요셉은 애굽의 종살이와 옥살이를 누구의 탓으로 돌리지 않고 하나님의 일하심으로 해석했다. 그렇기에 믿음πίστις피스티스은 해석Interpretation이다.

"요셉이 시종하는 자들 앞에서 그 정을 억제하지 못하여 소리 질러 모든 사람을 자기에게서 물러가라 하고 그 형제들에게 자기를 알리니 그때에 그와 함께 한 다른 사람이 없었더라 요셉이 큰 소리로 우니 애굽 사람에게 들리며 바로의 궁중에 들리더라 요셉이 그 형들에게 이르되 나는 요셉이라 내 아버지께서 아직 살아 계시니이까 형들이 그 앞에서 놀라서 대답하지 못하더라 요셉이 형들에게 이르되 내게로 가까이 오소서 그들이 가까이 가니 이르되 나는 당신들의 아우 요셉이니 당신들이 애굽에 판 자라 당신들이 나를 이곳에 팔았다고 해서 근심하지 마소서 한탄하지 마소서 하나님이 생명을 구원하시려고 나를 당신들보다 먼저 보내셨나이다 이 땅에 이 년 동안 흉년이 들었으나 아직 오 년은 밭갈이도 못하고 추수도 못할지라 하나님이 큰 구원으로 당신들의 생명을 보존하고 당신들의 후손을 세상에 두시려고 나를 당신들보다 먼저 보내셨나니 그런즉 나를 이리로 보낸 이는 당신들이 아니요 하나님이시라 하나님이 나를 바로에게 아버지로 삼으시고 그 온 집의 주로 삼으시며 애굽 온 땅의 통치자로 삼으셨나이다"

— 창세기 45:1-8

채색옷

야곱은 결혼해서도 성숙하지 못했다. 두 아내 레아와 라헬, 두 시녀 실바와 빌하 이렇게 4명의 여인에게서 12명의 아들을 얻었다. 그중에서 자신이 가장 사랑하는 라헬의 아들 요셉을 특별히 편애한 듯하다. 모든 자식은 부모로부터 넉넉한 사랑을 받고자 한다. 자식들을 향한 부모의 편애는 더 받는 자나 덜 받는 자 모두에게 상처와 아픔만 남긴다. 요셉은 10명의 형들 속에서 주목받을 수밖에 없었고 형들의 시기와 미움을 받을 수밖에 없었다. 요셉을 향한 아버지 야곱의 편애 때문이다. 형들은 한 번도 입어보지 못한 채색옷을 요셉에게는 지어 입혔으니 형들의 표적이 될 수밖에 없었다. 아버지의 지나친 사랑이 형제들 사이에서는 불편하고 서먹한 관계가 되게 한 것이다. 형들도 아버지의 사랑을 받고 싶었을 것이다. 요셉을 향한 아버지의 사랑이 치우친 만큼 요셉을 향한 형들의 분노도 커져만 갔다. 어느 날 요셉은 아버지의 말씀대로 양을 치는 형들에게 먹을 것을 갖다주러 먼 길을 나섰다. 먼 길이었지만 아버지의 말씀에 순종하여 형들을 찾아 나섰다. 일반적인 형들이라면 먼 길 마다치 않고 먹을 것을 들고 찾아온 동생이 얼마나 기특하고 예뻤겠는가. 그러나 형들은 먼발치의 동생 요셉을 확인하는 순간 죽이고자 하는 마음을 갖게 된다. 요셉을 향한 형들의 미움이 얼마나 큰지를 보여주고 있다. 사막에서 빈 우물에 빠지는 것은 곧 죽음을 의미한다. 요셉은 형들로 인해 비어있는 깊은 우물에 던져지게 된다. 형들은 아버지에게 요셉이 맹수에게 잡아먹혔다 둘러댈 참이었다. 요셉은 여지없이 죽은 목숨이었지만 일부 형들의 도움으로 지나가는 상인에게 몸값을 받고 팔려 가는 노예 신세가 되었다. 요셉은 자신의 형들에게 인신매매를 당한 꼴이 된 것이다. 요셉은 어떤 마음이었을까. 이런 현실을 어떻게 받아들였을까. 아버지에게 순종한 결과 자신이 팔려 가고 있는 현실을 어떻게 해석했을까. 자신을 죽이려고 빈 우물에 자신을 던져버린 사람들이 한 아버지 밑에 있는 친형들이라는 사실을 어떻게 해석했을까. 죽었다고 생각했는데 장사꾼에게 팔려 노예로 끌려가고 있는 자신을 어떻게 해석했을까. 한 번도 상상하지 못했지만, 현실이 되어버린 이러한 자신의 처지를 어떻게 해석했을지 궁금하다.

종살이

요셉이 팔려 간 곳은 애굽의 시위 대장 보디발 장군 집이었다. 어마어마한 권력과 힘을 가진 시위 대장의 집에서 노예로 살아야 하는 요셉은 어떤 생각을 했을까. 하루아침에 부모의 사랑을 독차지했던 자신이 형들의 배신으로 노예가 된 처지를 어떻게 받아들였을까. 노예 신세. 그 어떤 희망도 찾을 수 없는 그곳에서 요셉은 막다른 생각 포기하고 싶은 생각을 했을지도 모른다. 그러나 요셉은 자신의 이런 처지를 마냥 비관하고만 있지 않았던 것 같다. 요셉은 자신의 신세에서 벗어나기 위한 몸부림이 아니라 자신의 처지를 받아들이고 자신이 할 수 있는 일에 최선을 다하고 있었던 것 같다. 노예의 수만 상당했을 집안에서 요셉은 삶에 진심을 다했고 성실했으며 지혜로웠다. 다른 노예들보다 탁월한 자질을 보인 요셉은 주인의 눈에 들었고 주인은 그를 노예의 총책임자로 임명하게 되었다. 주인은 자신의 아내를 제외한 집안의 모든 것을 요셉에게 맡겼다. 20세를 넘긴 청년에게 장군 집안의 모든 것을 맡길 정도면 그간 요셉의 종살이가 주인이 보기에 얼마나 괜찮았는지를 짐작할 수 있게 한다. 그렇게 잘 나가던 요셉에게 또다시 찾아온 시련이 있었다. 젊고 유능한 요셉은 그 용모도 꽤 준수했던 모양이다. 보디발 장군의 아내가 틈만 나면 요셉을 유혹하고 있었던 것이다. 충직한 요셉은 모든 것을 관리하되 자신의 아내만큼은 금했던 주인의 부탁을 너무나 잘 알고 이를 이행하고 있었다. 장군의 부인은 그런 요셉을 잘 알고 있었다. 주인이 없는 틈을 타서 부인은 요셉을 불렀고 요셉은 부인의 유혹을 뿌리치고 도망쳤다. 부인의 유혹이 얼마나 거셌는지 요셉은 자신의 겉옷이 벗겨진 채로 도망을 쳤다. 그런 요셉을 향한 부인의 분노는 극에 달했고 결국 요셉이 자신을 유혹하여 겁탈한 것으로 모함하여 자신의 남편에게 요셉의 겉옷을 보여주었다. 요셉은 결국 억울한 모함에 빠져 왕의 죄수들을 수용하는 옥사에 갇히게 되었다. 가까스로 마음을 다잡고 종살이에 최선을 다한 요셉은 모함과 음모로 또다시 자신이 원하지 않는 억울한 옥살이를 하게 되었다. 요셉은 이 옥살이를 어떻게 해석했을까. 원망과 불평으로 자신을 내던질 수 있었지만, 오히려 하루하루 현실에 최선을 다했지만, 오히려 비참한 또 한 번의 결과를 어떻게 해석했을까. 형들에게 버려지고 이제 자신을 믿어주었던 주인에게까지 버려진 자신의 모습을 어떻게 해석했을까. 요셉은 형들에게 해를 끼친 것이 없었고, 주인의 부인을 유혹한 적도 없었다. 그런 자신 앞에 놓인 노예의 삶과 감옥이라는 현실을 어떻게 받아들이고 해석했을까. 한 번으로 감당하기 힘든 가슴 찢어지는 아픔인데 감당할 수 없는 또 한 번의 아픔이 눈앞에 있는 현실을 요셉은 어떻게 해석했을까.

옥살이

그러나 요셉은 우리의 염려와 달리 옥살이도 종살이와 같이 자신의 삶으로 받아들인 모양이다. 억울함으로 변명할 수 있으나 자신의 결백은 하나님이 아시기에 옥살이를 억울하게 해석하지 않았다. 요셉의 옥살이가 얼마나 모범이 되었는지 간수장은 옥중 죄수를 다 요셉의 손에 맡겼고 그 제반 사무를 요셉이 처리하게 했으며 요셉의 손에 맡긴 것은 살펴보지 않을 정도로 요셉을 믿고 맡겼다. 요셉에게는 또 하나의 하나님이 주신 재능이 있었다. 사람의 꿈을 해석할 수 있는 통찰력이었다. 요셉은 같은 감옥에 갇힌 술 맡은 관원장의 복직하는 꿈과 떡 맡은 관원장의 처형당할 꿈을 정확히 해석해 주었다. 복직하면 자신을 기억해 달라고 한 요셉의 부탁을 잊어버린 술 맡은 관원장은 복직하여 결국 요셉을 기억하지 못하고 그를 잊어버렸다. 그로부터 2년이 지나 바로 왕이 꿈을 꾸었다. 아름답고 살찐 일곱 암소가 흉하고 파리한 다른 일곱 암소에게 잡아 먹히는 꿈과 무성하고 풍성한 일곱 이삭이 가늘고 마른 이삭에게 삼킨 바 된 꿈을 연달아 꾸었다. 아침에 애굽의 모든 점술가와 현인들을 불러 왕의 꿈을 말해 주었으나 그것을 해석하는 자는 하나도 없었다. 그때 술 맡은 관원장이 옥살이 중에 자신의 꿈을 정확히 해석해 주어 복직하게 해 준 요셉을 기억하여 바로에게 요셉을 추천하게 되었다. 요셉은 즉시 바로 앞으로 나아 왔고 그의 꿈을 듣고 7년의 대풍년과 그 이후의 7년의 극심한 대흉년의 꿈을 해석하였으며 그 대안까지 제시하게 되었다. 요셉의 명철과 지혜에 감탄한 바로 왕은 요셉을 애굽 온 땅을 다스리는 총리로 임명하게 된다. 바로의 인장 반지는 요셉의 손에 있었으며 애굽 전국은 요셉의 통치 아래 있었다. 하루아침에 요셉은 종살이의 노예에서, 옥살이의 죄수에서 애굽 전국을 다스리고 정무를 처리하는 이인자, 곧 애굽 총리가 된 것이다. 요셉은 이를 어떻게 해석했을까. 15년의 긴 시간을 종살이와 옥살이로 보내면서 서른 즈음에 입은 애굽 총리 옷을 어떻게 해석했을까. 애굽의 총리로 막강한 권력의 자리에 앉게 된 요셉은 못 할 것이 없었다. 왕의 인장을 손에 차고 있는 요셉이 자신을 팔아버린 형들, 자신을 보디발 장군 집에 넘긴 미디안 상인, 자신을 모함한 보디발과 그 부인, 복직한 후 자신을 잊어버린 술 맡은 관원장을 어떻게 해석했을까.

기근

요셉이 해석한 극심한 7년의 흉년 대기근은 애굽 뿐 아니라 주변 온 지면에 극심했다. 야곱이 사는 이스라엘 땅도 예외는 아니었다. 7년의 기근을 버틸 장사는 없었다. 야곱은 베냐민을 제외한 10명의 아들을 곡식을 가득 비축해 놓은 애굽으로 보냈다. 애굽을 찾아온 형들은 총리 된 요셉을 알아보지 못했지만, 요셉은 형들을 단번에 알아볼 수 있었다. 형들을 본 요셉은 아버지와 동생 베냐민의 안부가 궁금했다. 요셉은 은잔을 형들의 자루에 숨김으로 형들에게 아버지의 사랑하는 막내아들 베냐민을 내어주는 아픔을 통해 15년 전 자신을 죽이려고 했던 형들의 죄, 자신을 팔아버린 형들의 죄를 깨닫게 해 주고 싶었던 생각이었다. 그러나 요셉은 주체할 수 없는 인정으로 인해 형들에게 자신을 드러내고 말았다. 형들은 자신들이 팔아버린 요셉이 최고의 권력을 가진 애굽의 총리임을 알고 자신들은 이제 죽은 목숨이라고 생각을 한 것 같다. 그러나 요셉은 그런 형들의 해석과는 전혀 다른 삶을 살았기에 자신을 팔아버린 형들을 원망하지도 벌하지도 않았다. 요셉은 반가움에 울고 또 울었다. 아버지 야곱의 안부와 친동생 베냐민의 안부를 물으며 보고 싶은 마음을 눈물로 보여주었다. 무서워 떨고 있는 형들에게 근심하지 말라고 한탄하지 말라고 안심시켰다. 그리고 믿음으로 요셉은 그동안 자신의 모든 삶을 어떻게 해석했는지 알 수 있는 말을 한다. 자신이 팔리고 종살이로 옥살이로의 삶을 어떻게 해석했는지 알 수 있는 말을 한다. 이 모든 것은 하나님께서 생명을 구원하시려고 형들보다 먼저 요셉 자신을 보내셨다는 해석이다. 하나님께서 큰 구원으로 형들의 생명을 보존하고 형들의 후손을 세상에 두시려고 자신을 형들보다 먼저 보내셨다는 해석이다. 그런즉 자신을 이리로 보내어 종살이 옥살이를 하게 하신 이는 형들이 아니요 하나님이시라는 해석이다. 요셉을 애굽으로 이끌어 온 집의 주로 삼으시고 온 땅의 통치자로 삼으신 것은 바로 하나님이시라는 해석이다. 요셉은 이 모든 삶을 여기까지 이끄신 것은 하나님의 계획과 섭리라고 해석한 것이다. 요셉의 해석은 요셉을 종살이에서도 주인에게 인정받은 총무로, 옥살이에서도 간수에게 신임받은 책임 죄수로 살아갈 수 있는 믿음이 된 것이다. 요셉은 늘 믿음으로 삶을 해석했다. 소망이 없는 중에도 소망을 해석했고, 포기할 수밖에 없는 중에도 가능함을 해석했고, 절망 중에도 이끄시는 분의 계획과 섭리를 믿는 해석을 했다. 믿음으로 살아가는 것은 모든 삶을 하나님의 계획과 섭리로 해석하는 것이다. 믿음의 수준은 해석의 수준이다.

세상은 인과응보因果應報[23], 자업자득自業自得[24], 자승자박自繩自縛[25], 사필귀정事必歸正[26] 등 심는 대로 거두는 원리로 돌아간다. 그러나 세상을 살아가면서 많은 사람이 예상치 못한 일, 생각지 못한 일, 납득할 수 없는 일, 불가항력적인 일들을 경험하게 된다. 나로 인한 결과일 수 있지만 나와 상관없는 일들인 경우도 많다. 가난, 질병, 장애, 사고, 학대, 범죄, 실패, 배신, 전쟁 등 감당하기 어려운 상황과 환경이 생각보다 많다. 이유와 원인을 찾아 규명하기 어려운 일들이 더욱더 많아지고 있다. 처녀 마리아에게 어느 날 갑자기 찾아온 예수의 잉태 소식은 납득하기도 수용하기도 어려운 일이 아닐 수 없다. 마리아의 해석은 돌로 맞아 죽을지언정 믿음으로 예수를 잉태하는 것이었다. 요셉의 해석, 마리아의 해석은 믿음이었다. 믿음의 해석으로 현실을 수용하고 살아낸 것이다. 이는 문제 너머의 문제보다 더 크신 하나님, 상황 너머의 상황보다 더 크신 하나님을 믿었기 때문이다.

---

23) 선을 행하면 선의 결과가, 악을 행하면 악의 결과가 반드시 뒤따름.
24) 자기가 저지른 일의 결과를 스스로가 돌려받음.
25) 자신이 한 말과 행동으로 말미암아 자신이 구속되어 괴로움을 당하게 됨.
26) 모든 일은 반드시 바른길로 돌아가게 마련임.

해석 *Interpretation*

하나님의 생각은 우리의 생각과 다르다. 하나님의 길은 우리의 길과 다르다. 이는 하늘이 땅보다 높기 때문이다. 그렇기에 하나님의 길은 우리의 길보다 높으며 하나님의 생각은 우리의 생각보다 높은 것이다. 개미의 생각과 사람의 생각을 비교할 수 있을까. 개미와 사람은 피조물이기에 그나마 하나라도 서로에게 배울 것이 있지 않을까 생각한다. 그러나 피조물인 사람과 신이신 창조주 하나님과는 그 다름을 결코 비교할 수 없지 않을까. 완전完全[27]하심과 불완전함, 전능全能[28]하심과 무능함, 전지全知[29]하심과 무지함, 무한無限[30]하심과 유한함, 무소부재無所不在[31]하심과 제한됨은 다름이 아니라 분명한 차이가 아닐까 한다. 그 생각과 길이 다르신 하나님께서 우리를 향한 계획과 섭리는 언제나 사랑임을 깨달아야 한다. 언제나 행복이라는 것을 믿어야 한다. 그렇기에 믿음으로 납득할 수 없는 현실을 감사함으로 해석할 수 있는 것이다. 해석은 그 하나님에 대한 전인격적인 신뢰이다. 해석은 하나님의 절대 주권에 대한 신뢰이다. 하고자 하시는 자를 긍휼히 여기시고 불쌍히 여길 자를 불쌍히 여기시

---

27) 필요한 것이 모두 갖추어져 모자람이나 흠이 없음.
28) 어떤 일에나 못함이 없이 능함. 모든 일을 다 행할 수 있는 능력.
29) 과거, 현재, 미래의 모든 것을 알고 있는 능력.
30) 수(數), 양(量), 공간, 시간 따위에 제한이나 한계가 없음.
31) 그 존재와 섭리가 있지 않은 곳이 없이 어디에나 다 있음을 이르는 말.

며 하고자 하시는 자를 완악하게 하시는 절대자 하나님을 향한 믿음이다. 해석은 문제 너머의 하나님을 보는 시선이다. 해석은 상황 너머의 하나님의 계획과 섭리를 볼 수 있는 시선이다. 믿음의 차이는 해석의 차이이며 해석의 차이는 삶의 차이이다. 우리는 믿음으로 하나님께서 우리에게 허락하신 삶을 해석하며 살아가야 한다. 그러므로 기독교의 믿음πίστις피스티스은 요셉처럼 모든 상황을 하나님의 계획과 섭리로 해석하는 삶이다.

기독교의 믿음πίστις피스티스으로 요셉은 애굽의 종살이와 옥살이를 누구의 탓으로 돌리지 않고 하나님의 일하심으로 해석했다. 그렇기에 기독교의 믿음πίστις피스티스은 해석Interpretation이다.

다시 기독교의 믿음πίστις피스티스으로 우리는 삶을 해석해야 한다.

다시 믿음πίστις피스티스으로…
다시 성경의 믿음πίστις피스티스으로…
다시 기독교의 믿음πίστις피스티스으로…

다시
믿음
으로

4. 선택하다
Choice

	믿	음	으	로		모	세	는		왕	궁	의		왕
자	의		길	과		초	야	의		한	적	한		목
동	의		길	이		아	니	라		출	애	굽	의	
4	0	년		광	야	의		길	을		선	택	했	다.
그	렇	기	에		믿	음	은		선	택	이	다	.	

믿음πίστις피스티스으로 모세는 왕궁의 왕자의 길과 초야의 한적한 목동의 길이 아니라 출애굽의 40년 광야의 길을 선택했다. 그렇기에 믿음πίστις피스티스은 선택Choice이다.

"모세가 그의 장인 미디안 제사장 이드로의 양 떼를 치더니 그 떼를 광야 서쪽으로 인도하여 하나님의 산 호렙에 이르매 여호와의 사자가 떨기나무 가운데로부터 나오는 불꽃 안에서 그에게 나타나시니라 그가 보니 떨기나무에 불이 붙었으나 그 떨기나무가 사라지지 아니하는지라 이에 모세가 이르되 내가 돌이켜 가서 이 큰 광경을 보리라 떨기나무가 어찌하여 타지 아니하는고 하니 그때에 여호와께서 그가 보려고 돌이켜 오는 것을 보신지라 하나님이 떨기나무 가운데서 그를 불러 이르시되 모세야 모세야 하시매 그가 이르되 내가 여기 있나이다 하나님이 이르시되 이리로 가까이 오지 말라 네가 선 곳은 거룩한 땅이니 네 발에서 신을 벗으라 또 이르시되 나는 네 조상의 하나님이니 아브라함의 하나님, 이삭의 하나님, 야곱의 하나님이니라 모세가 하나님 뵈옵기를 두려워하여 얼굴을 가리매 여호와께서 이르시되 내가 애굽에 있는 내 백성의 고통을 분명히 보고 그들이 그들의 감독자로 말미암아 부르짖음을 듣고 그 근심을 알고 내가 내려가서 그들을 애굽인의 손에서 건져내고 그들을 그 땅에서 인도하여 아름답고 광대한 땅, 젖과 꿀이 흐르는 땅 곧 가나안 족속, 헷 족속, 아모리 족속, 브리스 족속, 히위 족속, 여부스 족속의 지방에 데려가려

하노라 이제 가라 이스라엘 자손의 부르짖음이 내게 달하고 애굽 사람이

그들을 괴롭히는 학대도 내가 보았으니 이제 내가 너를 바로에게 보내어

너에게 내 백성 이스라엘 자손을 애굽에서 인도하여 내게 하리라 모세가

하나님께 아뢰되 내가 누구이기에 바로에게 가며 이스라엘 자손을 애굽

에서 인도하여 내리이까 하나님이 이르시되 내가 반드시 너와 함께 있으

리라 네가 그 백성을 애굽에서 인도하여 낸 후에 너희가 이 산에서 하나

님을 섬기리니 이것이 내가 너를 보낸 증거니라"

— 출애굽기 3:1-12

왕자로 40년 그리고 선택

사내아이로 태어난 어린 모세의 운명은 사살이었다. 아들을 살리기 위한 어머니 요게벳의 노력은 눈물겹다. 오직 하나님께 아들 모세의 목숨을 맡기며 갈대 상자에 아들을 담아 나일강에 실어 보냈다. 바로의 공주가 모세의 울음소리를 측은히 여기지 않았다면 어린 모세는 그 자리에서 죽었을 것이다. 모세는 바로의 공주의 양자가 되어 왕궁에서 40년을 왕자로 살아간다. 역사적으로 모세는 형 라암세스보다 유능한 왕자였다. 그의 능력으로 바로의 후계자로도 충분히 가능했을 것이라는 추측이다. 출생의 비밀로 어려움을 겪을 수 있지만, 왕궁에서의 모세의 입지는 탄탄했으리라 생각한다. 하지만 모세는 이집트 왕궁

의 왕자로서 계속해서 살아갈지 히브리인으로서의 정체성을 회복하여 이집트의 노예로 살아갈지 선택의 갈림길에 서게 되었다. 태어나고 40년이 지났지만, 여전히 모세에게는 히브리인의 정서가 살아있었다. 자신을 있게 한 부모와 형제 그리고 동족을 그리워했다. 자신의 눈앞에서 노예로 고생하는 히브리인들을 보며 모세의 마음은 동動하기 시작했다. 자신도 모르는 동질감에 부모가 있는 그곳으로 자꾸 발걸음을 옮기기 시작했다. 40년이면 삶의 모든 것이 습관이 되고 자신의 삶이 될 수 있는 시간이다. 모든 흔적이 왕자로서의 정체성을 갖게 하는 것이다. 그러나 모세는 달랐다. 결국, 왕자로서 누려야 할 모든 것보다 부모님이 계신 히브리인의 노역을 선택한 것이다. 왕자의 지위, 명예, 권력, 제물까지 모두 잃어버리는 선택이었다. 이집트의 왕자로 살아가야 하는 바로의 우상을 버리고, 노예로 살아가야 하는 히브리인의 하나님을 선택하게 된 것이다.

목동으로 40년 그리고 선택

　　민족을 향한 간절한 마음, 동족을 향한 뜨거운 마음이 너무 컸을까. 두 번의 살인으로 인해 모세는 애굽의 왕궁에서 도망쳐야 했다. 왕자의 모든 것을 하루아침에 잃어버리고 목숨을 부지하기 위해 광야로 자신을 숨겨야만 했다. 몇 날 며칠을 걸어 모세는 미디안 광야에 도착했다. 그곳에서 제사장이자 장인인 이드로를 만났고 아내 십보라를 만났다. 그렇게 모세는 미디안 광야에서 목동으로 40년의 세월을 보내게 된다. 사람들과의 관계도 거의 없는 광야, 조직과 문화 활동도 거의 없는 광야에서 오직 가족들과 양들과 보낸 시간이 40년이었다. 말이 어눌해지고 관계가 서먹해지고 능력이 쇠퇴해지고 모든 것이 순수해지는 자연인이 되어 갔다. 모세는 더욱 가족에 충실한 아버지로 남편으로 사위로 살아가고 있었다. 왕자로서의 모든 지도력과 영향력은 희미해져 가는 시간이었다. 40년이면 왕자로서의 모든 것을 완전히 잊어버리는 시간으로 충분했다. 모세는 그야말로 자기 일에 충실하고 건실한 한 가정의 가장이 되었나. 생세 걱정도 없고 안정적으로 살아가는 평범한 한 사람이 되었다. 그런 그에게 다시 한번 선택의 시간이 찾아왔다. 호렙산 떨기나무 불 가운데 나타나신 하나님께서 거룩한 땅에서 신을 벗으라 하시고는 이스라엘 백성을 끌어내라 하신 것이다. 430년의 노예로 살아온 이스라엘 민족을 이집트에서 끌어내라 하신 것이다. 초라한 목동의 한 사람으로서 아무런 볼품도 없는 신세인데 그런 자신에게 200만 명이 넘는 이스라엘 백성을 약속의 땅으로 출애굽 시키라고 하신 것이다. 모세에게는 모든 것이 평안하고 안정적인 삶이었다. 나이도 80세이면 이제 정리해야 할 노년의 삶이었다. 도전하고 모험하고 개척하는 열정이 아니라 정리하고 돌아보고 물려주는 안정을 생각해야 할 때다. 모든 환경이 그렇고 모든 상황이 그렇고 자신의 몸과 마음이 그렇고 함께하는 가족들 모두가 그렇게 생각한다. 살아온 삶보다 새로운 삶이 더 두려운 나이다. 모세의 의지는 내일보다 어제와 오늘의 삶에 있을 것이다. 어쩌면 모세의 80년은 자신의 의지가 아닌 불가항력적인 삶 다시 말해 하나님의 선택에 의해 살아왔다. 모세의 삶은 누군가가 왕자의 삶으로 목동의 삶으로 밀어 넣었다. 자신의 의지와 상관없이 죽음을 피해 낳아주신 부모가 자신을 나일강으로 밀어 넣었고, 자신의 의지와 상관없이 살인자의 오명을 피해 길러주신 부모가 자신을 광야로 밀어 넣었다. 이제는 몸도 마음도 늙어버렸고 의지도 없고 능력과 실력도 없고 사람도 없기에 모세 앞에 놓인 선택은 불가능에 가까운 선택이 아닐 수 없었다. 그럼에도 불구하고 모세는 선택한다. 430년 동안 애굽의 노예로 살았던 200만 명이 넘는 이스라엘 백성들을 출애굽하는 또 다른 광야를 선택한다. 모세가 출애굽을 선택할 수 있는 이유는 오직 한 가지가 아닐까 생각한다. 호렙산 떨기나무에 나타나신 하나님! 그 이름 여호와! 스스로 존재하신 분! 오직 여호와 하나님 한 분을 믿는 믿음으로 그는 도저히 실현 불가능한 출애굽을 선택한다. 모세의 믿음의 선택은 오직 여호와 하나님을 믿는 믿음으로밖에 설명할 길이 없다.

출애굽 40년 그리고 선택

호렙산 떨기나무 불꽃 가운데 말씀하신 하나님 앞에서 신을 벗고 선택한 출애굽의 모든 것은 믿음으로 선택해 가는 여호와 하나님을 향한 모세의 믿음이었다. 거대한 왕 이집트 바로 앞에서의 모세는 믿음으로 10가지 재앙을 선택했다. 모세는 가까운 블레셋 땅의 길이 아니라 하나님의 구름 기둥, 불기둥이 이끄시는 홍해의 광야 길을 선택했다. 모세는 뒤쫓고 있는 바로의 군대 앞에 돌아온 길로 되돌아가지 않고 가로막고 있는 넓은 바다 홍해를 선택했고 바다 위로 손을 내밀어 홍해를 갈라 좌우 물 벽을 만들어 육지처럼 그 바다를 건넜다. 모세는 수르 광야에서 마라의 쓴물 외에 마실 물이 없어 고통받을 때 한 나뭇가지를 선택하여 물에 던지니 단물이 되어 생명을 보존하였다. 백성들이 먹을 것이 없어 원망하는 신광야에서 모세는 하늘의 양식 만나와 메추라기를 선택하였다. 백성이 먹을 물이 없어 모세와 다투는 므리바에서 모세는 반석을 내리치는 선택을 하여 쏟아지는 물로 백성들을 마시게 하였다. 법과 질서가 없는 광야에서 판결과 결정을 해야 할 모세는 하나님이 친히 기록하신 십계명을 선택하였다. 가야 할 땅 가나안에 정탐꾼을 보낸 가데스 바네아에서 부정적이고 불신의 보고를 들은 백성들이 불평과 원망의 소리로 원성을 높일 때 모세는 4일 길 지척인 가나안 입성이 아닌 돌아가야 하는 광야의 40년 길을 선택했다. 가나안을 정탐했던 12명의 정탐꾼 중 하나님을 불신하고 보이는 것과 느끼는 것에 불안한 10명의 다수 정탐꾼이 아니라 하나님을 신뢰하고 믿음으로 보이는 것 너머를 보고 느끼는 것 이상으로 확신을 하는 2명의 소수 정탐꾼 여호수아와 갈렙을 선택했다. 40년 광야의 출애굽을 마치고 가나안 입성을 앞두고 자신의 기력이 쇠하지 않았지만 모세는 가나안 시대의 지도자로 여호수아를 선택했다. 모세는 200만 명이 넘는 사람들을 이끌고 광야를 지나는 40년 동안 한 번도 의복이 해어지지 않게 하시고 발이 부르트지 않게 하셨던 여호와 하나님, 호렙산 떨기나무 불꽃 가운데 말씀하셨던 여호와 하나님, 40년 동안 마음을 낮추시고 시험하사 명령을 지키게 하시기 위하여 광야의 길을 걷게 하신 여호와 하나님을 언제나 선택했다.

선택 *Choice*

우리는 유일하신 하나님과 하나님보다 더 사랑하는 우상 중에 선택해야 한다. 우리는 죄 사함의 보혈로 죄인들의 중보자이신 예수님과 거짓의 아비이자 죄인의 참소자인 사탄 중에 선택해야 한다. 우리는 영생으로 이끄시는 교훈과 책망과 바르게 함과 의로 교육하기 유익한 하나님의 말씀과 멸망과 영벌로 이끄는 외식과 위선, 정죄와 실족의 죄악 중에 선택해야 한다. 우리는 믿음으로 살아가는 행함이 있는 믿음과 두 마음을 품어 정함이 없는 불신 중에 선택해야 한다. 우리는 은혜에 의하여 믿음으로 말미암아 유일하신 구원자 예수 그리스도를 믿고 누리는 천국과 율법과 행함으로 공로와 업적을 쌓아 이루고자 하는 지옥 중에 선택해야 한다. 우리는 하나님 사랑과 사람 사랑을 실천하는 종 된 하나님 중심의 신본의 삶과 자유와 타협으로 하고자 하는 대로 즐기며 살아가며 자신이 주인 되는 인본의 삶 중에 선택해야 한다. 우리는 남을 유익하게 하는 덕과 자신의 유익만을 구하는 부덕한 삶 중에 선택해야 한다. 우리는 나보다 남을 낮게 여기는 이타적 삶과 자기중심적인 이기적이고 개인주의적인 삶 중에 선택해야 한다. 우리는 하나님 앞에 숨길 것이 없기에 보일 때나 보이지 않을 때나 언제나 모든 것에 정직한 삶과 보이지 않는 것은 알지 못한다는 생각으로 늘 그렇게 속고 속이는 것에 익숙하여 거짓을 거짓으로 인식하지 못하는 거짓의 삶 중에 선택해야 한다. 우리는 하나님과 올바른 관계를 통해 늘 옳은 것을 위해 살아가는 의로운 삶과 하나님과의 관계가 전혀 없거나 깨어진 관계 속에 남을 해롭게 하는 불의의 삶 중에 선택해야 한다. 상한 심령으로 사랑할 수 없는 사람까지 불쌍히 여기며 사랑하는 삶과 자기와 어울리는 사람들, 좋아하는 사람들과 늘 어울리며 다르고 마음에 들지 않으며 자신을 불편하게 하는 사람들을 미워하는 삶 중에 선택해야 한다. 우리는 용서하면 또 죄짓는 사람이 자신이기에 회개하고 돌이키는 사람을 언제나 용서하는 삶과 자신에게는 은혜로 관대하면서 남에게는 율법으로 철저히 정죄하는 삶 중에 선택해야 한다. 우리는 죽을 수밖에 없는 죄인으로서 받은 구원의 은혜로써의 삶과 구원과 복을 받기 위해 노력하고 수행하는 율법의 삶 중에 선택해야 한다. 우리는 주님의 말씀대로 살아가는 순종과 우리의 뜻과 생각대로 고집하여 살아가는 불순종 중에 선택해야 한다. 우리는 있는 그대로, 사실 그대로, 거짓 없이 변함없이 일관되게 살아가는 진실과 두 마음을 품어 정함이 없이 자신과 다른 사람을 속이는 위선 중에 선택해야 한다. 우리는 낮은 곳으로 약한 곳으로 선한 곳으로 임하는 주님 앞에 겸손과 하나님을 두려워하지 않으며 연약한 자를 경히 여기며 가난한 자를 무시하고 외모로 사람을 취하는 교만 중에 선택해야 한다. 우리는 남에게 대접받고자 하는 대로 남을 대접하는 친절과 자기를 주장하고 남을 배려할 줄 모르며 경청하지 못하고 판단하여 정죄하는 무례함 중에 선택해야 한다. 우리는 심령이 가난하여 늘 필요를 위해 내어줄 수 있는 가난함과 있는 것을 족할 줄 모르며 적은 자들의 소유를 취하기에 수단과 방법을 가리지 않는 부요함 중에 선택해야 한다. 우리는 서로가 보호받고 공정하게 살아가는 옳은 것과 치우쳐 속이고 간사한 자들의 배만 부르게 하는 그른 것 중에서 선택해야 한다. 우리는 길이요 진리요 생명이시고 하나님의 말씀의 본체이신 예수님과 거짓된 가르침으로 미혹하여 현혹하고 몸과 마음과 영혼까지 세뇌하여 돈과 모든 것을 갈취하는 목회자 중에 선택해야 한다. 우리는 유일하신 하나님의 말씀인 성경과 말씀을 왜곡하고 변질시켜 자신들을 하나님의 자리에 앉히는 설교 중에 선택해야 한다. 우리는 천하보다 귀한 가치와 존엄을 갖는 사람과 무엇이든 할 수 있게 만들며 삶의 모든 가치를 물질로 변질시키는 돈 중에 선택해야 한다. 우리는 교회의 본질인 성도와 보이는 거대한 맘몬의 산실인 건물 중에 선택해야 한다. 우리는 최선으로 살아가는 과정을 가장 아름답게 만드는 가치와 결과로만 그 모든 것을 평가하고 판단하는 성공 중에 선택해야 한다. 우리는 오른손이 하는 일을 왼손이 모르게 하는 주님이 기억하시면 족한 무명의 삶과 자랑하여 나타내고 과장하여 포장하고 선전하여 박수를 받기 위해 무슨 짓이라도 하는 유명의 삶 중에 선택해야 한다. 우리는 오래 두고 경험해야 하고 자세히 보아야 하고 진실하게 겪어야 하는 마음과 화장과 액세서리로 감언이설과 부드러움으로 변장하고 치장하여 사기를 치는 외모 중에 선택해야 한다. 우리는 있는 것에 만족하여 늘 주시는 것과 함께하는 이들을 감사하는 삶과 늘 비교하고 평가하여 불평하고 우월감과 열등감에 사로잡혀 더한 것에 마음을 두는 욕심 중에 선택해야 한다. 우리는 차이를 인정하고 다름을 존중하며 오직 예수 그리스도로 하나되는 연합의 일치와 획일화된 교리와 율법으로 자신의 것만이 옳다는 집단적 이기주의 중에 선택해야 한다.

우리의 삶은 선택이다. 선택은 믿음을 보는 통로이다. 선택과 결정을 보면 믿음을 볼 수 있다. 선택은 믿음으로 결정하는 의지이다. 믿음으로 사는 자는 '예'이면 '예'이고 '아니오'이면 '아니오'여야 한다. 선택의 수준이 믿음의 수준이 되는 것이다. 믿음으로 확실하게 선택해야 한다. 비슷하거나 유사한 것을 선택하는 것은 믿음으로 사는 길을 포기하는 것이다. 그러므로 기독교의 믿음πίστις피스티스은 모세처럼 선택과 갈등 가운데 하나님의 길을 단호하게 선택하는 삶이다.

기독교의 믿음πίστις피스티스으로 모세는 왕궁의 왕자의 길과 초야의 한적한 목동의 길이 아니라 출애굽의 40년 광야의 길을 선택했다. 그렇기에 기독교의 믿음πίστις피스티스은 선택Choice이다.

다시 기독교의 믿음πίστις피스티스으로 우리는 선택해야 한다.

다시 믿음πίστις피스티스으로…
다시 성경의 믿음πίστις피스티스으로…
다시 기독교의 믿음πίστις피스티스으로…

5. 균형잡다

Balance

믿	음	으	로		여	호	수	아	는		가	나	안
을		정	복	할		때		율	법	을		다		지
켜		행	하	여		우	로	나		좌	로	나		치
우	치	지		않	았	다	.		그	렇	기	에		믿
음	은		균	형	이	다	.							

믿음πίστις피스티스으로 여호수아는 가나안을 정복할 때 율법을 다 지켜 행하여 우로나 좌로나 치우치지 않았다. 그렇기에 믿음πίστις피스티스은 균형Balance이다.

> "오직 강하고 극히 담대하여 나의 종 모세가 네게 명령한 그 율법을 다 지켜 행하고 우로나 좌로나 치우치지 말라 그리하면 어디로 가든지 형통하리니 이 율법책을 네 입에서 떠나지 말게 하며 주야로 그것을 묵상하여 그 안에 기록된 대로 다 지켜 행하라 그리하면 네 길이 평탄하게 될 것이며 네가 형통하리라 내가 네게 명령한 것이 아니냐 강하고 담대하라 두려워하지 말며 놀라지 말라 네가 어디로 가든지 네 하나님 여호와가 너와 함께 하느니라 하시니라"
>
> — 여호수아 1:7-9

여리고 성이 무너지다

가나안 입성의 첫 관문인 여리고는 천혜의 요새이다. 웬만한 군사력으로 공성전을 펼치고 있는 여리고를 점령하는 것은 거의 불가능한 일일 것이다. 40년 광야를 지나온 이스라엘 백성들은 군사로 훈련받은 정예군들이 아니다. 평소에는 생계를 위해 양을 치며 일상을 살아가는 백성으로 전투 시 모집되는 모집병으로 굳게 닫힌 철옹성 여리고를 공격하는 발상 자체가 무모한 일일 것이다. 그러나 한 사람 여호수아는 달랐다. 언약의 땅 가나안을 향한 하나님의 계획을 믿기에 이 또한 하나님의 방법으로 행하실 것을 믿었다. 여호수아 곁에는 수많은 참모가 있었을 것이다. 각 지파의 우두머리들은 다양한 의견을 주었을 것이다. 여리고 공격에 찬성하는 사람들과 반대하는 사람들로 첨예하게 나뉘었을 것이며, 무모한 도전, 타협, 포기 등 각자 나름대로 타당한 이유를 들었을 것이다. 리더들도 나뉘었을 것이며 백성들도 나뉘었을 것이며 심지어 여호수아의 가족들도 의견이 나뉘었을 것이다. 여호수아도 더 많은 의견에 더 합당한 의견에 더 전문적인 의견에 흔들렸을 것이다.

여호수아의 판단과 결정은 모든 사람이 전혀 예상하지 못한 것이었다. 그 방법이 무모하고 어리석으며 우스꽝스러운 방법이었다. 그 방법은 여호와께서 친히 여호수아에게 말씀하신 방법이었다. 여호수아는 사람들의 의견에 한 치의 치우침도 없이 진행해 갔다. 모든 군사에게 하루에 한 번씩 여리고 성 주위를 돌게 했다. 엿새 동안 하루에 한 번씩 성을 돌았다. 일곱째 날은 맨 앞에 군대를 세우고 다음에 양각 나팔 일곱을 든 제사장 일곱을 세우고 다음에는 언약궤를 세우고 마지막으로 군사들을 세워 성을 일곱 번 돌면서 제사장들에게 나팔을 불게 했다. 마지막 날 마지막 바퀴를 돌고 백성들이 들을 수 있도록 제사장들이 양각 나팔을 길게 불면 모든 백성이 외치도록 했다. 참으로 무모한 방법이었다. 이 모습을 지켜보는 여리고 성 군사들과 백성들은 하나같이 조롱했을 것이고, 이스라엘 군사들과 백성들도 돌고는 있지만 미심쩍게 긴가민가했을 것이다. 그러나 여호수아는 비웃음거리가 되더라도 그 모든 것을 한 치의 치우침도 없이 그대로 준행했다. 결과는 모두의 예상을 초월했다. 여호수아의 말 그대로 철옹성 여리고 성은 무너졌다. 여호수아의 방법대로 여호수아의 믿음대로 여호수아의 계획대로 성은 무너졌다. 여호수아는 치우치지 않았다. 여호수아는 여호와께서 말씀하신 대로 준행하였다. 여호수아는 오직 살아계신 하나님의 말씀으로 균형을 잃지 않았다. 여호수아는 하나님의 말씀 앞에서 사람들의 사상과 철학, 가치와 의미, 진영과 논리, 사상과 이념, 진보와 보수, 자본과 공산, 좌측과 우측, 찬성과 반대 그 어떤 쪽에도 치우치지 않고 균형을 잡았다.

아간을 처벌하다

아이 성은 여리고 성에 비하면 아주 작은 성이다. 적은 군사를 보내어 손쉽게 점령하리라 생각했던 아이 성 전투에서 예상 못 한 패배를 하고 말았다. 주변에 비웃음거리가 된 듯한 여호수아는 장로들과 함께 여호와 앞에 엎드렸다. 이해할 수 없는 패배에 여호수아는 여호와 앞에 자신의 처지를 토로했다. 그런데 여호수아는 여호와께서 말씀하신 내용을 들은 후에야 아이 성의 패배의 원인이 이스라엘의 범죄라는 사실을 알게 되었다. 이스라엘은 명령한 언약을 어겼으며 온전히 바칠 물건을 도둑질하였으며 가져가 속이며 물건을 숨겨두었다는 내용이었다. 도둑질한 사람과 가져간 물건들을 멸하지 아니하면 다시는 너희와 함께하지 않으며 네 원수 앞에 능히 맞서지 못하고 패하게 하겠다는 단호한 말씀을 하셨다. 여호수아는 한 치의 망설임도 없이 이스라엘의 모든 지파를 모이게 하였다. 하나님의 방법대로 제비를 뽑았다. 가장 먼저 지파 중에 제비는 유다 지파가 뽑혔고, 다음은 족속 중에 제비는 세라 족속이 뽑혔고, 다음은 세라 족속 중에 제비는 삽디 가문이 뽑혔고, 다음은 삽디 가문의 제비는 유다 지파 세라의 증손이요 삽디의 손자요 갈미의 아들인 아간이 뽑히게 되었다. 여호수아는 아간에게 자신의 죄를 스스로 자백하게 했다. 아간이 훔친 물건은 시날 산의 아름다운 외투 한 벌과 은 200세겔과 50세겔 되는 금덩이였다. 여호수아는 아간이 장막 안에 감추어 둔 물건을 모두 찾아 그 현장 물증을 확보함으로 아간의 범죄를 확증하게 되었다. 여호수아는 한 치의 망설임도 없이 아간을 잡고 그 은과 그 외투와 그 금덩이와 그의 아들들과 그의 딸들과 그의 소들과 그의 나귀들과 그의 양들과 그의 장막과 그에게 속한 모든 것을 이끌고 골짜기로 가서 온 이스라엘 사람들과 함께 아간과 그 가족들을 돌로 쳐 죽이고, 모든 물건을 돌로 치고 불살라 그 위에 돌무더기를 쌓았다. 그리고 그곳을 괴로움의 골짜기, 아골 골짜기로 불렀다. 여호수아는 여호와께 죄를 범한 아간을 향해 절대로 치우치지 않았다. 여호와의 말씀하심 그대로 준행하였다. 아간의 심판 앞에 많은 의견이 있을 수 있다. 죽이는 것까지는 너무하지 않냐, 물건만 압수하면 되지 않냐, 가족들까지 죽이는 것은 너무하지 않냐, 훔친 물건을 제외하고 다른 재산까지 불태우는 것은 부당하지 않냐, 소명의 기회를 충분히 준 후에 판결해야 하지 않냐, 각 지파의 리더 회의를 통해 처분을 민주적으로 결정해야 하지 않냐 등 어쩌면 참으로 합리적이고 논리적인 의견들이 있을 수 있었을 것이다. 그럼에도 불구하고 여호수아는 여호와의 말씀하심에 한 치의 치우침과 망설임도 없이 말씀하신 그대로 준행했다. 여호수아는 오직 말씀으로 치우치지 않고 균형을 잡았다.

에발산과 그리심산 명령

아간을 처단한 후 여호수아는 아이 성을 점령한다. 그 후 여호수아는 에발산에 한 제단을 쌓았고 온 이스라엘 백성들과 그 장로들과 관리들과 재판장들과 본인뿐 아니라 이방인까지 모이게 하였다. 그리고 모세가 기록한 율법을 이스라엘 자손의 목전에서 그 돌에 기록하였다. 여호수아는 모든 사람에게 언약궤를 맨 레위 사람 제사장들 앞에서 궤의 좌우에 서게 하되 절반은 그리심산 앞에 절반은 에발산 앞에 서게 했다. 메마르고 나무가 없는 에발산에는 모세 율법의 모든 저주의 말씀을, 수목樹木이 울창한 그리심산에는 모세 율법의 모든 축복의 말씀을 여호와께서 모세에게 명령하신 대로 낭독하고 선포했다. 저주를 좋아하는 사람이 없고 축복을 싫어하는 사람은 없다. 많은 설교자가 사람들이 좋아하는 축복의 말씀만을 선포하며 저주의 말씀과는 거리가 멀어진다. 듣는 자들에게 치우쳐 말씀을 온전히 전하지 못하는 설교자들이 상당하다. 그러나 여호수아는 달랐다. 한 치의 오차도 없이 하나님께서 모세를 통해 주신 말씀 곧 저주의 말씀과 축복의 말씀을 백성들에게 전하고 있다. 여호수아는 하나님의 말씀하심에 전혀 치우침이 없이 말씀대로 준행한 것이다. 여호수아는 오직 말씀으로 균형을 잡았다.

기업을 분배하다

가나안을 정복한 여호수아는 기업을 분배했다. 정복한 땅을 분배하는 일은 결코 쉬운 일이 아니다. 더 갖겠다는 사람이 많고 공적을 부풀리는 사람들이 많기 때문이다. 공정하고 공평한 논공행상論功行賞[32]은 치리의 가장 으뜸이 되는 덕목이다. 여호수아는 12지파 모두에게 공정하고 치우치지 않게 땅을 분배하였고 아들이 없는 므낫세 지파 슬로브핫의 딸들에게까지 치우치지 않게 땅을 분배하였다. 모든 기업 분배를 마무리 한 여호수아는 이스라엘의 모든 백성과 장로들과 수령들과 재판장들과 관리를 불러 자신의 마지막 유언을 남겼다. 여호수아의 마지막 말에는 너희의 하나님 여호와를 절대로 잊지 말라는 것이다. 너희 여호와 하나님의 말씀을 다 지켜 행하고 그것을 떠나 우로나 좌로나 치우치지 말라는 것이다. 스스로 조심하여 너희의 여호와 하나님을 사랑하라는 것이다. 너희의 여호와 하나님을 경외하며 온전함과 진실함으로 그를 섬기라는 것이다. 여호수아 자신이 균형을 잃지 않고 여호와 하나님의 말씀대로 준행하고 사랑하고 섬겼던 것처럼 그렇게 좌로나 우로나 치우치지 말라는 것이다. 여호수아는 오직 말씀으로 균형을 잡았던 자신의 지난 삶처럼 그렇게 살라는 마지막 유언을 남기고 110세에 죽었다. 그는 믿음으로 균형의 삶을 살아냈다.

---

32) 공의 있고 없음, 크고 작음 등을 따져서 거기에 알맞은 상을 줌.

균형 *Balance*

보수와 진보, 우파와 좌파, 여당과 야당, 주류와 비주류, 찬성과 반대, 네 편과 내 편 등은 우리 사회나 국가 같은 공동체를 더욱 건강하고 발전하게 만들어 주는 다양한 견제들이다. 서로 다른 의견과 생각, 서로 다른 가치와 이념들은 건강한 사회 공동체를 위한 필수 요소가 아닌가 생각한다. 문제는 극단적인 성향이 강해져 사회의 양극화가 갈수록 심해지고 있다는 것이다. 극보수, 극진보, 극우, 극좌의 성향이 더욱 강해지고 있다. 이러한 생각이 더욱더 자극적이고 충동적이어서 많은 관심을 받고 있으며 개인 SNS[33]와 영상 매체를 통해 급속도로 확산하고 있다. 극단적인 치우침은 우리만 옳고 우리만 대안이라는 극심한 진영 논리를 만들어 사회를 해롭게 만들어 가고 있다. 이로 인해 공공의 도덕과 윤리, 공공의 상식과 양심, 공공의 선과 덕의 기준이 모호해지는 것이다. 기독교도 마찬가지이다. 성경 말씀의 절대성이 사라지고 있다. 말씀을 취사선택하고 말씀을 가벼이 왜곡하고 말씀이 편할 대로 해석하는 상대적이고 주관적인 성향으로 치우치는 기독교로 전락하고 있다. 믿음으로 사는 것은 기준의 균형을 잡는 것이다. 우리 사회에서는 객관적이고

---

33) SNS(Social Networking Service): 온라인상에서 이용자들이 인적 네트워크를 형성할 수 있게 해주는 서비스.

타당한 도덕과 윤리 기준을 균형으로 삼는다. 보편적인 상식과 양심 기준의 균형을 가져야 한다. 모두를 유익하게 하는 공공의 선과 덕의 기준의 균형을 가져야 한다. 기독교에서는 절대적인 하나님의 말씀인 성경을 기준으로 균형을 가져야 한다. 말씀하신 대로 준행하는 균형을 가져야 한다. 그래야 치우치지 않는다. 그래야 모두의 다름과 차이를 존중하고 다양성의 가치를 추구하는 하나가 되는 행복한 공동체를 세워갈 수 있는 것이다. 균형은 치우치지 않는 것이다. 치우치지 않는 것은 말씀하신 대로 준행하는 것이다. 균형은 말씀대로 준행하는 것이다. 믿음으로 살아가는 것은 말씀을 준행하는 균형을 잡는 것이다. 그러므로 기독교의 믿음πίστις피스티스은 여호수아처럼 치우치지 않고 말씀으로 균형을 잡는 삶이다.

기독교의 믿음πίστις피스티스으로 여호수아는 가나안을 정복할 때 율법을 다 지켜 행하여 우로나 좌로나 치우치지 않았다. 그렇기에 기독교의 믿음πίστις피스티스은 균형Balance이다.

다시 기독교의 믿음πίστις피스티스으로 우리는 균형을 잡아야 한다.

다시 믿음πίστις피스티스으로…
다시 성경의 믿음πίστις피스티스으로…
다시 기독교의 믿음πίστις피스티스으로…

다시
믿음
으로

6. 용기내다

Courage

믿	음	으	로		라	합	은		죽	을		용	기
로		정	탐	꾼	을		숨	겨	주	었	다	.		그
렇	기	에		믿	음	은		용	기	이	다	.		

믿음πίστις피스티스으로 라합은 죽을 용기로 정탐꾼을 숨겨주었다. 그렇기에 믿음πίστις피스티스은 용기Courage이다.

"눈의 아들 여호수아가 싯딤에서 두 사람을 정탐꾼으로 보내며 이르되 가서 그 땅과 여리고를 엿보라 하매 그들이 가서 라합이라 하는 기생의 집에 들어가 거기서 유숙하더니 어떤 사람이 여리고 왕에게 말하여 이르되 보소서 이 밤에 이스라엘 자손 중의 몇 사람이 이 땅을 정탐하러 이리로 들어왔나이다 여리고 왕이 라합에게 사람을 보내어 이르되 네게로 와서 네 집에 들어간 그 사람들을 끌어내라 그들은 이 온 땅을 정탐하러 왔느니라 그 여인이 그 두 사람을 이미 숨긴지라 이르되 과연 그 사람들이 내게 왔었으나 그들이 어디에서 왔는지 나는 알지 못하였고 그 사람들이 어두워 성문을 닫을 때쯤 되어 나갔으니 어디로 갔는지 내가 알지 못하나 급히 따라가라 그리하면 그들을 따라잡으리라 하였으나 그가 이미 그들을 이끌고 지붕에 올라가서 그 지붕에 벌여 놓은 삼대에 숨겼더라 그 사람들은 요단 나루터까지 그들을 쫓아갔고 그들을 뒤쫓는 자들이 나가자 곧 성문을 닫았더라 라합이 그들을 창문에서 줄로 달아 내리니 그의 집이 성벽 위에 있으므로 그가 성벽 위에 거주하였음이라 라합이 그들에게 이르되 두렵건대 뒤쫓는 사람들이 너희와 마주칠까 하노니 너희는 산으로 가서 거기서 사흘 동안 숨어 있다가 뒤쫓는 자들이 돌아간 후에 너희의 길을 갈지니라 그 사람들이 그에게 이르되 네가 우리에게 서약하게

한 이 맹세에 대하여 우리가 허물이 없게 하리니 우리가 이 땅에 들어올

때에 우리를 달아 내린 창문에 이 붉은 줄을 매고 네 부모와 형제와 네

아버지의 가족을 다 네 집에 모으라 누구든지 네 집 문을 나가서 거리로

가면 그의 피가 그의 머리로 돌아갈 것이요 우리는 허물이 없으리라 그

러나 누구든지 너와 함께 집에 있는 자에게 손을 대면 그의 피는 우리의

머리로 돌아오려니와 네가 우리의 이 일을 누설하면 네가 우리에게 서약

하게 한 맹세에 대하여 우리에게 허물이 없으리라 하니 라합이 이르되

너희의 말대로 할 것이라 하고 그들을 보내어 가게 하고 붉은 줄을 창문

에 매니라"

— 여호수아 2:1-7, 15-21

정탐꾼을 숨기다

여호수아는 싯딤에서 두 사람을 가나안 정탐꾼으로 보낸
다. 그 땅과 여리고를 엿보기 위해서다. 두 사람이 몸을 피했던
곳은 기생 라합의 집이었다. 라합은 두 사람이 이 땅과 여리고
를 엿보기 위해서 몰래 들어온 이스라엘의 정탐꾼임을 알 수 있
었다. 여리고 왕은 정탐꾼의 첩보를 입수했고 라합의 집에 사람
을 보내어 정탐꾼을 잡고자 했다. 라합이 어떻게 알았는지 정탐
꾼을 잡으러 올 것을 이미 알고 두 정탐꾼을 지붕에 벌여 놓은

삼대[34]에 숨겼다. 그리고 그 사람들이 왔으나 어디에서 왔는지 알지 못하며 그 사람들이 성문을 닫을 때쯤 되어 나갔으니 어디로 갔는지 알지 못하니 급히 따라가면 잡을 수 있지 않을까, 하며 그렇게 설명해 주었다. 왕이 보낸 사람들은 요단 나루터까지 그들을 쫓아갔고 그들을 뒤쫓는 자들이 나가자 여리고 성문을 닫아버렸다. 라합은 여리고 사람이다. 정탐꾼을 숨겨주는 일은 반역이다. 그 사실이 발각되면 죽음을 면키 어려운 일이다. 거기에 그들을 속이는 일까지 하였으니 만일 라합의 집에 숨어 있는 두 정탐꾼이 발각되면 라합 뿐만 아니라 라합의 전 가족은 몰살될 위기에 처하게 된 것이다. 기생 라합은 목숨을 건 용기를 내었다. 그가 그렇게 처음 만난 이스라엘의 정탐꾼을 숨겨주는 용기를 내었던 것은 바로 그의 믿음이었다. 믿음으로 자신과 온 가족의 목숨을 담보로 한 믿음의 용기를 내었다.

라합은 이미 여호와를 알았다

두 정탐꾼도 라합의 무모하리만큼 위험한 행동에 의아해했을 것이다. 라합은 지붕 위 삼대에 숨어 있던 두 정탐꾼을 찾아갔다. 두 정탐꾼은 라합의 말을 들은 후에야 이 모든 것이 하

---

34) 삼의 줄기.

나님의 세밀한 계획 하심과 예비하심인 것을 알았다. 라합은 여호와 하나님을 알고 있었다. 여호와께서 가나안 땅과 여리고 성을 이스라엘에게 주신 것을 알고 있었다. 여리고의 많은 사람이 이스라엘을 심히 두려워하고 이 땅의 주민들이 다 이스라엘 앞에서 간담이 녹고 있다는 것이다. 이스라엘이 애굽에서 나올 때 여호와께서 홍해를 마르게 하신 일과 아모리 사람의 두 왕 시혼과 옥을 전멸시킨 일을 다 듣고 있었다는 것이다. 40년의 광야에서 여호와 하나님께서 모세를 통해 이스라엘에게 행하신 일들을 들으며 라합을 비롯한 많은 여리고 사람들의 마음이 녹아내렸고 정신을 잃을 정도로 충격을 받게 되었다는 것이다. 라합을 비롯한 많은 사람은 이스라엘의 하나님 여호와가 위로는 하늘에서도 아래로는 땅에서도 하나님이시라는 것을 믿을 수밖에 없었다는 것이다. 라합은 이미 이스라엘의 여호와 하나님을 믿는 사람이 되었다. 그러니 갑작스럽게 찾아온 정탐꾼들을 당황하지 않고 숨겨줄 수 있었다. 그렇게 왕의 사람들에게 발각이 되면 죽을 수 있다는 것을 알면서도 그들보다 이스라엘의 여호와 하나님을 더 두려워하고 믿었기에 그런 목숨 건 용기를 낼 수 있었다. 라합은 온 가족을 살리고자 다시 한번 용기를 내었다. 정탐꾼을 선대 하였으니 자신을 선대 하여 자신과 부모, 형제, 그들에게 속한 모든 사람을 죽음에서 건져달라고 청하며 그 증표를 달라고 하였다. 라합은 가나안 땅과 여리고 성을 여호와 하나님께서 이스라엘에게 주실 것을 의심하지 않고 믿었다. 그렇기에 목숨을 걸고 용기를 내어 정탐꾼을 숨겨주었고, 이 땅을 정복할 때 자신과 온 가문이 살고자 하여 다시 한번 용기를 내었다. 믿음이 아니면 결코 할 수 없는 일이다. 믿음으로 용기를 내지 않으면 결코 불가능한 일이다. 기생 라합은 믿음으로 믿음의 용기를 내었다.

붉은 줄

정탐꾼의 소식에 여리고 성문은 이미 닫혀버렸다. 성문을 통해서는 정탐꾼이 돌아갈 수 없는 상황이다. 성벽 위에 사는 라합은 창문을 통해 길고 단단한 붉은 줄을 만들어 달아 내렸다. 붉은 줄을 의지하여 목숨을 건 탈출을 감행하는 라합의 용기는 참으로 대단하다. 라합은 명석한 지혜까지 갖춘 여인인 듯하다. 뒤쫓은 자들이 있을지 모르니 산으로 가서 거기서 3일 동안 숨어 있다가 뒤쫓는 자들이 돌아간 후에 안전하게 돌아가라는 방법까지 일러주고 있다. 두 정탐꾼은 누설하지 않는 조건으로 이스라엘이 여리고로 들어올 때 자신들을 달아 내린 붉은 줄을 창문에 표식으로 달아 놓으면 약속한 대로 라합과 모든 가문을 구원할 것을 약속해 주었다. 라합은 다시 한번 붉은 줄의 생명을 건 용기를 내었다. 잊어버릴 수 있는 일이고 지켜지지 않을 일일 수 있다. 그럼에도 불구하고 라합은 다시 한번 목숨을 건 믿음의 용기를 내었다.

라합의 믿음의 용기가 여호수아에게 전해지다

여호와의 방법으로 여리고 성은 무너졌다. 성을 점령한 이스라엘은 여호와의 명령대로 그 성안에 있는 모든 것을 온전히 여호와께 바치되 남녀노소와 소와 양과 나귀의 모든 동물은 하나도 남김없이 멸했다. 그러는 중에 여호수아는 그 땅을 정탐한 두 사람에게 붉은 줄이 달린 기생 라합의 집에 들어가 약속한 대로 라합과 모든 가문의 사람들과 소유를 보호하라고 명령했다. 여호수아가 그렇게 기생 라합과의 약속을 지켰던 것은 정탐꾼을 목숨을 걸고 숨겨주었던 라합의 용기 때문이었다. 라합의 목숨을 건 용기는 어디에서 나왔을까. 그녀가 들었던 이스라엘 하나님 여호와를 향한 믿음에서 나왔다. 라합의 믿음은 흔들리지 않았다. 믿음으로 용기를 내어 목숨을 걸고 행동으로 실천했다. 라합의 믿음의 용기는 자신뿐 아니라 아버지의 모든 가족과 그가 속한 모든 것을 살리는 생명줄이 되었다. 이방 여인 라합이 믿음으로 용기를 낼 수 있었던 것은 보지 않아도 믿는 믿음, 들리지 않아도 믿는 믿음, 확인하지 않아도 믿는 믿음, 잡히지 않아도 믿는 믿음을 갖고 있었기 때문이다. 라합은 모세와 함께 출애굽의 40년을 광야에 있지 않았다. 홍해 도하의 현장에도, 불기둥과 구름 기둥의 현장에도, 마라의 쓴물이 단물이 되는 현장에도, 므리바의 생수가 넘쳐나는 현장에도, 만나와 메추라기가 넘쳐나는 현장에도, 가데스 바네아에서 40년 광야로의 길을 잡는 현장에도, 아모리 두 왕 시혼과 옥을 진멸하는 현장에도 라합은 없었다. 그 어느 것 하나 라합의 눈으로 보고 귀로 들었던 현장은 없었다. 라합은 사람들을 통해 들었을 뿐이다. 이스라엘을 통해 그 모든 것을 행하신 분이 여호와 하나님인 것을 들었을 뿐이다. 여호와께서 이스라엘을 통해 행하신 일을 들으며 그녀의 마음이 녹아내렸고 그녀의 간담이 두려워졌고 그로 인해 여호와 하나님이 하늘 아래 참 하나님인 것이 믿어졌고 그렇게 라합은 하나님을 향한 믿음으로 하루하루 살아왔다. 하나님이 계획하시고 예비하시는 그 자리에 믿음으로 살아가는 여인, 믿음의 용기로 살아가는 여인 라합이 있었다. 라합은 믿음으로 목숨을 걸고 용기를 내어 하나님이 계획하신 일에 동참한 것이다. 라합의 믿음은 목숨을 건 용기로 모두에게 분명하게 보인 것이다. 믿음은 용기이다.

용기 *Courage*

믿음으로 사는 것은 용기가 필요하다. 말씀이 아닌 가르침에 아니라고 하는 용기가 필요하다. 알곡과 가라지처럼 너무나 흡사하여 구분할 수 없지만, 사람을 미혹하는 목회자들의 가르침에 분노할 수 있는 용기가 필요하다. 외식하는 서기관들과 바리새인들에게, 거짓으로 미혹하여 배나 지옥 자식 만드는 종교 지도자들에게 단호하게 아니라고 하셨던 예수님처럼 용기를 내야 한다. 기도하는 성전을 장사하는 강도의 소굴로 만드는 대제사장들과 율법 학자들과 장로들에게 분노하셨던 예수님처럼 용기를 내야 한다. 하나님이 계시지 않고 하나님의 말씀이 살아 있지 않는 거대한 종교시설과 하나님을 두려워하지도 않고 경외하지도 않은 목회자들에게서 떠나가야 하는 용기가 필요하다. 거대하고 거룩하고 웅장한 건물 예루살렘 성전에서 그리고 독사의 혀로 위선 된 가르침으로 사람들을 미혹하고 지옥의 판결을 피할 수 없게 만드는 거짓된 종교 지도자들에게서 떠나셨던 예수님처럼, 절대로 상종하지 않으셨던 예수님처럼 용기를 내야 한다. 말씀대로 살아가는 진정한 그리스도인에게는 고독한 고립을 감내해야 하는 용기가 필요하다. 진리를 파수[35]하는 진정한 그리스도인에게는 고독한 고립을 감내해야 하는 용기가 필요하다. 신앙을 개혁하는 진정한 그리스도인에게는 고독한 고립을 감내해야 하는 용기가 필요하다. 예수님을 바르게 믿는 진정한 그리스도인에게는 고독한 고립을 감내해야 하는 용기가 필요하다. 율법을 교묘히 왜곡하여 수천 년 동안 만들어 놓은 전통을

---

35) 일정한 경계를 지키며 유지하는 것.

말씀보다 우선하여 가르치는 종교 지도자들 앞에 나타난 바른 성경의 가르침, 참 진리, 말씀이신 예수님을 믿고 따르는 용기가 필요하다. 종교 지도자들의 종교 재판으로 신성모독의 죄를 뒤집어쓰고 참혹한 십자가 앞에 철저하게 혼자 된 예수님처럼 용기를 내야 한다. 내가 하고 싶은 계획도 나를 통해서 하시고자 하는 하나님의 계획 앞에 나의 계획을 포기할 수 있는 용기를 내어야 한다. 십자가의 죽음을 앞두고 겟세마네 동산에서 자기 뜻이 아니라 아버지의 뜻을 고하셨던 예수님처럼 용기를 내야 한다. 나를 위해 죽으시고 믿음으로 말미암아 구원을 이루게 하시고 나를 천하보다 귀하게 여기시고 나를 목숨으로 사랑해 주시는 예수님을 믿고 따르는 신의를 지키는 용기가 필요하다. 예수님을 향한 신의를 지키는 용기가 절실히 필요하다. 주먹 패거리도 의리를 지켜내는 용기를 갖는데 믿는다는 사람들이 신의를 지키는 용기가 어찌 그리 가벼운지 모르겠다. 다니엘처럼 에스더처럼 죽으면 죽으리라는 믿음의 용기가 필요하다. 라합의 믿음의 용기는 라합과 온 가족을 하나님의 구원의 계획과 섭리에 동참하게 해 주었다. 라합처럼 믿음으로 살아가는 목숨을 건 용기가 필요하다. 그러므로 기독교의 믿음πίστις피스티스은 라합처럼 사생결단의 상황에서 용기로 하나님을 선택하는 삶이다.

기독교의 믿음πίστις피스티스으로 라합은 죽을 용기로 정탐꾼을 숨겨주었다. 그렇기에 기독교의 믿음πίστις피스티스은 용기

Courage이다.

다시 기독교의 믿음πίστις피스티스으로 우리는 용기를 내야 한
다.

다시 믿음πίστις피스티스으로…
다시 성경의 믿음πίστις피스티스으로…
다시 기독교의 믿음πίστις피스티스으로…

.

다시
믿음
으로

7. 정직하다

Honesty

믿	음	으	로		다	윗	은		하	나	님		앞
에	서		은	밀	한		죄	를		정	직	하	게
인	정	했	다	.		그	렇	기	에		믿	음	은
정	직	이	다	.									

믿음πίστις피스티스으로 다윗은 하나님 앞에서 은밀한 죄를 정직하게 인정했다. 그렇기에 믿음πίστις피스티스은 정직Honesty이다.

"여호와께서 나단을 다윗에게 보내시니 그가 다윗에게 가서 그에게 이르되 한 성읍에 두 사람이 있는데 한 사람은 부하고 한 사람은 가난하니 그 부한 사람은 양과 소가 심히 많으나 가난한 사람은 아무것도 없고 자기가 사서 기르는 작은 암양 새끼 한 마리뿐이라 그 암양 새끼는 그와 그의 자식과 함께 자라며 그가 먹는 것을 먹으며 그의 잔으로 마시며 그의 품에 누우므로 그에게는 딸처럼 되었거늘 어떤 행인이 그 부자에게 오매 부자가 자기에게 온 행인을 위하여 자기의 양과 소를 아껴 잡지 아니하고 가난한 사람의 양 새끼를 빼앗아다가 자기에게 온 사람을 위하여 잡았나이다 하니 다윗이 그 사람으로 말미암아 노하여 나단에게 이르되 여호와의 살아 계심을 두고 맹세하노니 이 일을 행한 그 사람은 마땅히 죽을 자라 그가 불쌍히 여기지 아니하고 이런 일을 행하였으니 그 양 새끼를 네 배나 갚아 주어야 하리라 한지라 나단이 다윗에게 이르되 당신이 그 사람이라 이스라엘의 하나님 여호와께서 이와 같이 이르시기를 내가 너를 이스라엘 왕으로 기름 붓기 위하여 너를 사울의 손에서 구원하고 네 주인의 집을 네게 주고 네 주인의 아내들을 네 품에 두고 이스라엘과 유다 족속을 네게 맡겼느니라 만일 그것이 부족하였을 것 같으면 내가 네게 이것저것을 더 주었으리라 그러한데 어찌하여 네가 여호와의 말씀을 업신여기고 나 보기에 악을 행하였느냐 네가 칼로 헷 사람 우리아를 치되 암몬 자손의 칼로 죽이고 그의 아내를 빼앗아 네 아내로 삼았도다 이제 네가 나를 업신여기고 헷 사람 우리아의 아내를 빼앗아 네 아내로 삼았은즉 칼이 네 집에서 영원토록 떠나지 아니하리라 하셨고 여호와께서 또 이와 같이 이르시기를 보라 내가 너와 네 집에 재앙을 일으키고 내가 네 눈앞에서 네 아내를 빼앗아 네 이웃들에게 주리니 그 사람들이 네 아내들과 더불어 백주에 동침하리라 너는 은밀히 행하였으나 나는 온 이스라엘 앞에서 백주에 이 일을 행하리라 하셨나이다 하니 다윗이 나단에게 이르되 내가 여호와께 죄를 범하였노라 하매 나단이 다윗에게 말하되 여호와께서도 당신의 죄를 사하셨나니 당신이 죽지 아니하려니와 이 일로 말미암아 여호와의 원수가 크게 비방할 거리를 얻게 하였으니 당신이 낳은 아이가 반드시 죽으리이다 하고"

— 사무엘하 12:1-14

여호와를 경외하는 정직한 예배자 다윗

다윗은 어려서부터 여호와 하나님을 경외하는 정직한 예배자였다. 여호와께서는 사울을 이스라엘 왕으로 삼으신 것을 후회하셨다. 사울은 여호와의 말씀을 버리므로 점치는 자를 찾았고 우상에게 절을 하였으며 불순종의 자리에서 여호와 앞에 정직하지 못했다. 이로 인해 여호와께서는 사울을 왕으로 세우신 것을 후회하시고 결국 사울을 버리셨다. 하나님께서는 베들레헴 사람 이새에게 사무엘을 보내어 그의 아들 중에 한 사람을 이스라엘의 왕으로 삼게 하셨다. 이새에게는 8명의 아들이 있었다. 사무엘이 이새의 집을 찾았을 때 그의 아들 7명을 만날 수 있었다. 사무엘은 큰아들 엘리압이 용모와 키로 봤을 때 왕이 될 상相으로 하나님께 추천하였다. 그러나 여호와 하나님께서는 사람과 달리 사람의 용모와 키 즉 외모를 보지 않고 사람의 중심을 보심을 알려주었다. 엘리압 이후 둘째 아비나답, 셋째 삼마, 그리고 일곱째까지 보았지만 하나님께서 원하는 사람은 없었다. 사무엘은 이새에게 아들들이 다 여기 있는가를 물었고 이새는 아직 막내가 남아있고 그는 들판에서 양을 지킨다고 했다. 그가 바로 이새의 막내아들 다윗이었다. 얼굴빛이 붉고 눈이 빼어나고 얼굴이 아름다운 다윗을 본 사무엘은 여호와의 말씀대로 다윗에게 기름을 부었다.

선지자가 다스리는 이스라엘에서 선지자의 방문은 대통령이 방문한 것과 마찬가지 일이다. 이새는 사무엘의 방문을 듣고 자기 아들들을 준비시켰다. 8명의 아들 중 7명을 선지자 사무엘에게 선보였다. 그러나 막내아들 다윗은 들판에서 홀로 이새 집안의 양을 치게 하였다. 다윗은 청소년이었다. 놀고 싶기도 하고 집안에 방문한 선지자를 그 누구보다 만나고 싶은 호기심이 있었을 것이다. 장성한 형들이 일곱이나 있었기에 집안에 양들을 치는 것은 형들에게 하게 해달라고 아버지께 요구했을 수도 있었을 것이다. 그러나 사무엘이 방문하기 전에도 다윗은 홀로 양을 치는 것이 익숙해 있었던 것으로 보인다. 그가 곰과 사자 맹수에게서 홀로 양을 지킴으로 터득한 물맷돌의 무기를 보면 잘 알 수 있다. 양들과 함께 홀로 선 들판에서의 외로움과 무서움을 그 어린 다윗이 어떻게 이겨냈을까. 그는 진실로 여호와 하나님과 함께하는 사람이었다. 그는 진실로 여호와 하나님을 경외하는 예배자였다. 그는 진실로 여호와 하나님께 정직한 예배자였다. 여호와 하나님을 향한 다윗의 경외와 정직은 다윗이 쓴 많은 시편을 통해 확인할 수 있다. 다윗은 여호와 하나님을 향한 경외와 정직으로 그분을 그 누구보다 사랑했고 그분과 늘 함께하는 예배자였다. 다윗은 여호와를 깊이 경외하는 삶의 예배자였기에 모든 삶을 늘 여호와 앞에서 정직으로 살아냈다. 여호와를 경외하는 다윗의 시편을 보면 감정, 관계, 인격에 이르기까지 있는 그대로의 정직함을 확인할 수 있다. 여호와 하나님을 향한 다윗의 경외는 다윗을 예배자로 살게 했으며, 여호와 하나님을 향한 다윗의 예배는 다윗을 정직하게 살게 했다. 여호와 하나님 앞에 경외와 정직으로 예배하는 다윗의 삶은 아주 어려서부터 시작되었다.

여호와를 향한 모욕을 용납하지 않은 다윗

블레셋과 전쟁이 일어났다. 다윗의 형들은 전쟁에 참전하였다. 그런 형들이 걱정된 아버지 이새는 형들의 안부를 묻고자 먹을 것을 준비하여 다윗을 전쟁터로 보낸다. 자칫 죽을 수도 있는 전쟁터에 막내아들을 보내기가 쉽지 않을 터인데 보내는 아버지 이새나 순종하는 아들 다윗이 대단한 듯 보인다. 한참 전쟁 중인 엘라 골짜기에 다윗이 도착하여 형들을 만났다. 다윗 앞에 펼쳐진 광경은 다윗이 전혀 예상하지 못한 모습이 펼쳐지고 있었다. 사울 왕이 직접 지휘하는 전쟁임에도 형들을 포함한 이스라엘 군사들은 블레셋 장수 한 사람의 위용에 눌려 어찌할 바를 모르고 있었다. 그가 블레셋의 장수 가드 사람 골리앗이었다. 골리앗은 이스라엘 진영의 한 사람과 대표로 싸워 이 전쟁의 승패를 가름하자고 40일 조석으로 이스라엘 군대를 조롱하고 모욕하고 있었다. 골리앗의 위협에 이스라엘의 모든 사람은 심히 두려워하였고 많은 사람이 도망하였다. 또한, 진중에는 골리앗과 싸워 그를 죽이는 자에게는 많은 재물을 주고 세금을 면제해 주고 왕의 딸을 준다는 왕명이 퍼져 있었다. 다윗은 할례받지 못한 블레셋 사람이 누구이기에 살아계신 하나님의 군대를 모욕하는지 그 치욕을 참을 수가 없었다. 다윗은 사람들에게 그러한 자신감을 드러내었다. 이를 듣게 된 형 엘리압은 다윗에게 분노하였다. 엘리압은 어린 다윗이 그저 호기심으로 목숨 귀한 줄 모르고 교만과 완악한 마음으로 전쟁을 구경하며 객기를 부린 것으로 생각했다. 이러한 말을 전해 들은 사울 왕은 지푸라기라도 잡는 심정으로 다윗을 불렀다. 다윗을 본 사울은 낙심하였다. 싸우고자 하는 유일한 사람 다윗이 어린 소년, 청소년이었기 때문이다. 다윗은 사울 왕 앞에서도 물러서지 않았다. 여호와 하나님을 경외하는 다윗은 그 어떤 사심도 없이 여호와를 향한 정직한 진심으로 사울을 설득했다. 다윗은 오직 한 가지 살아계신 여호와 하나님의 군대를 조롱하고 모욕하는 할례를 받지 못한 블레셋 사람을 향한 거룩한 분노, 즉 정직한 진심뿐이었다. 다윗이 골리앗 앞에 서는 정직한 마음은 형들이 생각하는 교만과 완악함이 아니었다. 사울 왕이 생각하는 많은 재물, 세금 감면, 왕의 사위가 되는 권세는 더더욱 아니었다. 다윗은 오직 여호와 하나님을 조롱하고 모욕하는 할례를 받지 못한 블레셋 사람을 결단코 용납할 수 없다는 정직한 마음뿐이었다.

다윗의 정직한 진심은 사울의 마음을 바꾸었다. 이스라엘 군대를 대표하여 다윗을 선택한 사울은 자신의 갑옷, 투구, 칼로 완전무장을 시켰다. 다윗은 익숙하지 않은 전투 장비를 벗어버렸다. 그리고는 자신의 물매와 매끄러운 물맷돌 5개를 챙겼다. 사울 왕을 비롯한 주위의 모든 장수과 병사들, 그리고 형들은 다윗의 무모함에 혀를 내둘렀을 것이다. 그러나 다윗의 손에는 그동안 아버지의 양을 지킬 때 사자와 곰을 향해 달려들어 맹수에게서 양을 지켜내고 해하고자 하면 쳐 죽였던 물매와 물맷돌이 있었다. 다윗은 골리앗이 전혀 두렵지 않았다. 자신을 저주하고 자신을 공중의 새들과 들짐승의 밥이라고 비웃고 조롱하는 골리앗의 말은 그저 사자나 곰 같은 맹수들의 소리로밖에 들리지 않았다. 그런 다윗은 자신이 무엇 때문에 칼과 창과 단창으로 무장한 할례를 받지 못한 골리앗에게 물매와 돌을 들고 달려드는지를 분명하게 알려준다. 다윗은 만군의 여호와의 이름. 곧 이스라엘 군대의 하나님의 이름이 할례받지 못한 골리앗에게 조롱당하고 모욕당하는 것을 참을 수 없었다. 아버지의 양을 보이지 않는 곳에서 충실하게 지켜내었던 다윗의 정직한 삶은 무모함을 넘어 여호와 하나님의 능력이 되어있었다. 여호와 하나님은 다윗의 그 정직한 삶을 잘 아시기에 다윗의 무모함을 현실의 능력으로 바꾸셨다. 사자와 곰을 향한 다윗의 수많은 물매질은 골리앗을 향한 단 한 번의 물매질로 그 능력을 확인시켰다. 3미터가 넘는 거구巨軀[36] 골리앗, 칼과 창과 단창으로 무장한 장수 골리앗, 만군의 여호와 이스라엘 군대의 하나님을 모욕하고 조롱하는 골리앗을 단 한 번의 물매질로 넘어트려 목을 벨 수 있었던 것은 여호와 하나님을 향한 경외에서 나오는 다윗의 정직한 삶의 능력이었다. 다윗은 여호와 하나님 앞에 정직했을 뿐이다. 형들과 사울 왕 그리고 이스라엘 장수들처럼 여호와

---

36) 거대한 몸집.

하나님을 향한 두 마음을 품지 않았다. 다윗의 일상은 여호와 하나님을 향한 오직 한 마음, 여호와 하나님을 경외하는 삶의 예배, 여호와 하나님을 향한 정직한 예배였다. 그렇기에 다윗은 자신 앞에 선 골리앗이 그렇게 쉽고 가벼웠다. 정직은 여호와 하나님께서 이미 다 알고 계신 사실, 마음, 삶, 감정을 인정하는 것이다. 정직은 전지전능하신 여호와 하나님을 향해 두 마음을 품지 않는 것이다. 다윗은 늘 여호와 하나님 앞에 정직한 사람이었다.

살고자 미친 체하는 다윗

골리앗을 죽인 다윗의 명성은 사울의 명성을 뛰어넘었다. 사울은 다윗의 칭송을 심히 불쾌해하였고 심히 분노하였다. 급기야 다윗을 시기하기까지 악령이 내려 다윗을 죽이고자 한 것이다. 다윗은 자기가 보는 앞에서 창을 던져 자신을 죽이려는 사울과 대면해야 했고, 그런 사울의 사위가 될 수밖에 없었다. 사울의 살기는 더욱 심해졌기에 다윗은 사울을 피해 도망하는 신세가 되었다. 다윗은 사울의 아들 요나단의 도움으로 구사일

생九死一生[37]했지만 이스라엘 전역에서 사울의 눈을 피할 수는 없었다. 급기야 다윗은 이스라엘의 적국이자 자신의 손으로 직접 목을 베어 죽인 골리앗의 나라 블레셋 가드의 왕 아기스에게 목숨을 의탁하는 신세가 되었다. 자신을 비웃고 조롱하는 가드 왕 아기스 앞에 선 다윗은 죽음의 두려움을 직면하게 되었다. 비굴하게 보일지 모르지만 비웃음과 조롱거리로 보일지 모르지만, 다윗은 그런 상황 속에서도 살고자 했다. 그래서 미친 체했다. 대문짝을 긁적거리며 침을 수염에 흘리며 그야말로 미친 사람이 되었다. 그로 인해 다윗은 적국 블레셋 가드 왕 아기스 앞에서 살아남을 수 있었다. 다윗은 솔직한 사람이다. 살고자 했던 인간의 본성에 정직한 사람이었다. 가식과 위선을 떨며 골리앗을 죽인 장수답게 목숨을 구걸하지 말아야 한다는 위선을 떨며 살고자 하는 자신을 속이지 않았다. 그런 다윗을 여호와 하나님은 좋아했다. 미치광이가 되어서까지 살고자 했던 다윗의 정직한 마음을 좋아했다.

---

37) 아홉 번 죽을 뻔하다 한 번 살아난다는 뜻으로, 죽을 고비를 여러 차례 넘기고 겨우 살아남을 이르는 말.

아둘람굴에서 다시 시작한 다윗

　여호와를 경외하는 사람 다윗, 정직한 사람 다윗, 진솔한 사람 다윗은 적국에서도 살아남아 도망하여 아둘람굴에 이르렀다. 다윗은 모든 것을 잃어버린 상실로 절망했을 것이다. 홀로 아둘람굴에서의 적막한 고독을 온몸으로 받아내야 했을 것이다. 자신을 향해 다윗이 죽인 자는 만만이요 사울이 죽인 자는 천천이요 하는 함성과 비교해 더욱더 초라해진 자신의 모습을 직면해야 했다. 자신의 곁에서 그렇게 자신을 칭송했던 수많은 사람이 한 명도 남지 않고 떠난 자신의 처지에 비관했을 것이다. 혼자라고 생각했을 그때 가장 먼저 아둘람굴에 다윗이 머물고 있다는 소식을 들은 형제들과 아버지의 온 집이 한걸음에 달려왔다. 다윗은 부모와 형제들에게도 여호와를 경외하는 정직하고 진솔한 사람이었다. 그로부터 환난당한 모든 사람, 빚진 모든 사람, 마음이 원통한 모든 사람 400명가량이 아둘람굴에 있는 다윗에게로 몰려왔다. 다윗은 이들에게도 여호와를 경외하는 정직하고 진솔한 사람이었다. 여호와 하나님께서는 자신을 경외하고 늘 정직함으로 진솔하게 살아가는 다윗에게로 환난당한 자들, 빚진 자들, 마음이 원통한 자들을 보내 준 것이다. 아둘람굴로 보내 주신 여호와의 사람들은 다윗이 세울 하나님 나라의 시작이었고 다윗의 생명의 동역자가 되었다. 여호와를 향한 경외와 정직은 다윗에게 진정한 동역자를 보내는 시작이 되었고 이것을 시작으로 하나님의 왕국을 세우는 기초가 되었다.

사울을 두 번이나 살려준 다윗

다윗을 향한 사울의 분노는 더욱 집요해졌다. 다윗을 죽이고자 사울이 직접 특수군대를 조직하여 다윗을 찾고 있었다. 사울은 적군보다 더한 분노를 다윗에게 가졌다. 인간의 미움의 영역을 넘어 악령이 들어 자신의 사위인 다윗을 죽이고자 하는 사울의 집착이 정신병과 다름없어 도리어 가련해 보이기까지 한다. 다윗은 이제 혼자가 아니다. 아둘람굴로 모여든 400명가량의 사람이 다윗과 함께했다. 그런데도 여전히 사울의 군대를 피해 도망해야 했다. 다윗이 엔게디 요새로 피할 때 한 굴에 숨었다. 용변을 보기 위해 굴을 찾은 사울을 충분히 죽일 수 있었다. 그러나 다윗은 곁에 두었던 사울의 겉옷 자락만을 가만히 베고 사울을 살려주었다. 그 후 다윗이 십 광야에 있을 때도 자는 사울을 충분히 죽일 수 있었지만, 그의 머리 곁에 있는 창과 물병만을 가지고 왔을 뿐 사울을 살려주었다. 자신을 죽이고자 했던 사울을 두 번이나 죽일 수 있는 절호의 기회가 있었지만, 다윗은 결코 사울을 죽이지 않았다. 이는 여호와의 기름 부음을 받은 자를 죽이는 것을 여호와께서 금하시기 때문이었다. 그러므로 다윗은 그 어떤 일이 있어도 자신의 손으로 여호와께서

금하신 일을 하지 않았다. 다윗은 자신을 죽이고자 했던 원수 앞에서도 여호와를 경외하는 정직한 마음을 잃지 않았고 작은 것 하나도 흐트러지지 않았던 진솔한 사람이었다. 다윗은 여호와께서 그 중심에 좋아하지 않을 수 없는 사람이었다.

여호와 앞에서 뛰놀며 춤추는 다윗

다윗의 마음은 늘 여호와 하나님께 있었다. 그분의 기뻐하심을 늘 생각하는 진솔한 사람이었다. 다윗은 왕이 되어서 가장 우선의 고민은 블레셋 국경 기럇여아림 아비나답의 집에 있는 여호와의 법궤를 옮겨오는 것이었다. 아비나답의 아들 웃사가 어깨에 메어야 할 하나님의 법궤를 수레에 끌고 옮기는 과정에서 즉사하고 말았다. 이 일로 하나님의 법궤가 잠시 가드 사람 오벧에돔의 집에 석 달을 머물게 되었다. 이후 하나님의 법궤를 어깨에 메고 다윗성으로 옮기게 되었다. 다윗은 하나님의 법궤가 다윗성으로 들어오는 것을 보며 여호와 앞에서 자신의 베에봇이 벗어진 줄도 모르고 힘을 다하여 뛰놀며 춤을 추고 기뻐하였다. 여호와 앞에 다윗은 그렇게 순진했던 정직한 사람이었다. 여호와 앞에 왕의 신분과 체면은 그리 중요하지 않은 진솔한 예배자였다. 그토록 순수하게 여호와를 경외하고 사랑하고 좋아하고 기뻐했던 정직한 예배자였다. 그런 와중에 사울의 딸이자 다윗의 부인 미갈은 왕의 체통과 위엄을 버리고 옷이 벗겨지기까지 뛰놀며 춤추는 다윗을 방탕하고 염치없는 자로 치부하고 말았다. 이 일로 사울의 딸 미갈은 죽는 날까지 자식이 없이 살게 되었다. 다윗은 여호와 앞에서는 이보다 더 낮아져도 괜찮았고 스스로 더 천하게 보여도 괜찮았던 사람이었다. 여호와를 향한 다윗의 순수하고 정직한 마음은 너무나도 깨끗하고 변함이 없는 것이었다.

간음자 다윗, 살인자 다윗

늘 군사들과 함께했던 다윗이 암몬과의 싸움에는 요압과 그 부하들과 군대만 보내고 자신은 예루살렘에 그대로 남았다. 저녁때에 침상에서 일어나 왕궁의 옥상을 거닐며 한 여인이 목욕하는 것을 보았다. 보는 것으로 그치지 않았고 사람을 보내어 그녀가 엘리암의 딸이요 헷 사람 우리아의 아내 밧세바라는 것을 알게 되었다. 우리아는 자신이 요압과 함께 전쟁터에 보낸 장수였던 것도 확인했다. 그런데도 다윗은 전령을 보내어 밧세바를 왕궁으로 데려오게 했고 끓어오르는 욕정을 이기지 못하고 그 여인을 범하고 말았다. 하룻밤의 성관계였지만 밧세바는 임신하게 되었고 그 사실을 다윗에게 알리게 되었다. 당시 이스라엘의 왕은 결혼하지 않았거나 사별한 여자는 누구나 자신의 부인이나 첩으로 삼을 수 있었다. 왕이 자신의 성적 욕망을 풀 수 있는 대상의 여자들은 너무나 많았다. 그러나 왕이라 하더라도 결혼한 유부녀와의 성관계는 허락하지 않는 것이 법이었다. 다윗은 잘 알고 있었다. 자신이 왕으로서 짓지 말아야 할 간음죄를 저질렀던 것을 알고 있었다. 그것도 자신의 장수였던 우리아의 아내를 겁탈한 것이다. 임신한 소식을 전해 들은 다윗은 전쟁터에서 한참 싸움 중인 우리아를 불러들였다. 그리고 밧세바와 성관계를 가질 수 있도록 하여 밧세바의 임신이 우리아와의 성관계로 된 것으로 교묘하게 꾸미려고 했었다. 하지만 우리아는 전쟁 중에 부하들을 두고 자신만이 그런 호사를 누릴 수 없다는 생각으로 아내 밧세바와의 성관계를 거절하고 전장으로 나가게 된다. 그런 우리아에게 다윗은 너무나도 비열하고 악랄한 짓을 하게 된다. 군대 장관 요압에게 전달하는 전령을 우리아의 손에 들려 보내게 되는데 그 내용은 우리아를 암몬과의 싸움에서 제일 앞에 세워 화살받이가 되게 하라는 것이었다. 결국, 다윗은 자신의 간음을 숨기려 했던 자신의 계획이 틀어지자 그의 남편인 우리아를 죽여 간음의 정당성을 확보하려 했다. 직접 죽이는 살인보다 더 악랄한 짓을 다윗이 행했다. 다윗은 우리아를 전쟁에서 자연스럽게 죽게 함으로써 자신의 간음과 살인을 아무도 모를 것으로 생각했던 것 같다. 다윗은 사람들을 속이고 자신을 속이고 여호와 하나님을 속이는 일에 주저하지 않았다. 여호와 하나님을 기쁘시게 하는 일에 순수했던 다윗은 여호와 보시기에 악을 행하는 사람이 되었다.

  그렇게 완전범죄를 자신하고 있던 다윗에게 여호와께서는 나
단 선지자를 보내셨다. 나단은 한 성읍에 양과 소가 심히 많은
부한 사람과 작은 암양 새끼 한 마리뿐인 가난한 사람의 이야기
를 들려주었다. 어떤 행인이 그 부자를 찾았을 때 부자는 자신
이 가진 많은 소와 양을 잡지 않고 가난한 사람의 한 마리뿐인
양 새끼를 빼앗아 잡았다는 이야기였다. 다윗은 부자를 죽여야
한다고 가난한 자에게 네 배를 갚아야 한다고 대노하였다. 분노
하는 다윗을 향해 나단은 바로 그 사람이 다윗 당신이라 말해
주었다. 여호와의 말씀을 업신여긴 다윗, 여호와 보시기에 악을
행한 다윗, 암몬 자손의 칼로 헷 사람 우리아를 죽인 다윗, 우
리아의 아내를 빼앗아 자신의 아내로 삼은 다윗, 나단은 이 모
든 것은 다윗이 여호와를 업신여긴 것이라고 지적했다. 이 일로
인해 나단은 여호와께서 다윗의 집에 재앙을 내리고, 백주白晝[38]
에 다윗의 아들들이 다윗의 아내들을 성폭행하고, 밧세바가 낳
은 아들이 죽게 되는 심판까지 전하게 된다. 다윗은 나단의 지
적에 즉시 그 자리에서 여호와께 죄를 범한 것을 정직하게 인정
하고 회개하였으며 그 모든 여호와의 심판을 감내하게 되었다.
다윗은 연약한 죄인으로 넘어질 수밖에 없는 자신의 죄를 정직

---

38) 환히 밝은 대낮.

하게 인정했다. 다윗은 밧세바를 간음하고 우리아를 살인한 죄를 정직하게 인정했다. 여호와를 업신여기고 여호와의 말씀을 가볍게 여겨 여호와 앞에 악을 행한 것을 정직하게 인정했다. 다윗은 보이는 사람을 속일 수 있으나 보이지 않지만 모든 것을 알고 계시는 여호와 하나님은 속일 수 없다는 것을 정직하게 인정했다. 여호와를 경외하는 다윗은 자신의 완악한 죄악 앞에 가장 두려워하고 무서워해야 할 분이 여호와 하나님인 것을 정직하게 인정한 것이다. 다윗은 자신의 악한 죄에 대한 고통스럽고 치욕스러운 결과를 온몸으로 감내하는 정직한 사람이었다. 다윗은 죄인이다. 다윗은 자신의 죄를 정직하게 인정하는 죄인이다. 다윗은 자신의 죄로 인한 결과를 정직하게 감내하는 죄인이다. 다윗은 진정 여호와 하나님을 경외하는 진솔하고 순수한 사람이었고, 여호와 하나님을 인식하고 의식하는 믿음의 사람이었고, 여호와 하나님을 좋아하고 기뻐하는 예배의 사람이었다. 그래서 다윗은 여호와 하나님 앞에 늘 정직한 믿음의 사람이었다.

아들 압살롬의 반역을 온몸으로 받는 다윗

다윗의 아내는 여러 명이다. 암논은 다윗의 장자이자 압살롬의 이복형이다. 다말은 압살롬의 여동생이며 암논의 이복

누이였다. 암논은 압살롬의 누이인 다말을 사랑하였고 병간호를 핑계로 다말을 성폭행하고 말았다. 암논은 성폭행한 후에 도리어 다말을 심히 미워하였으며 그 미움이 전에 사랑했던 그 마음보다 더했다. 이로 인해 다말은 재를 머리에 뒤집어쓰고 생과부로 아파하고 고통받으며 오빠 압살롬의 집에서 지내게 되었다. 누이의 상처와 고통을 직접 함께 한 다말의 오빠 압살롬은 분노를 삼키며 복수의 칼을 준비했다. 다윗은 이 모든 것을 듣고도 심히 노할 뿐 그 어떤 액션도 암논에게 취하지 않았다. 만 2년 후 압살롬은 암논을 포함한 다윗의 모든 아들을 에브라임 자신의 양을 치는 곳에 초대하였고 그중 자신의 동생을 능멸한 암논을 죽여버렸다. 다윗은 압살롬이 모든 형제를 죽인 것으로 알았지만 암논을 제외한 아들들이 돌아오자 심히 통곡하였다. 다윗의 이런 모습은 아들 압살롬이 역심의 마음을 품게 하는 시발점이 되었다. 압살롬은 아버지 다윗을 피해 3년을 도망하여 살았다. 지나간 시간이 다윗의 마음을 위로하였고 다윗은 압살롬을 예루살렘으로 불렀다. 흐르는 시간 속에 압살롬은 장성하였다. 장성한 압살롬은 발바닥부터 정수리까지 흠이 없는 아름다움으로 온 이스라엘 가운데 칭찬받는 사람이 되었다. 압살롬의 역심 또한 전혀 작아지지 않았다. 누이 다말의 사건으로 인해 생긴 아버지 다윗을 향한 불신의 씨앗은 결국 온 이스라엘이 인정하는 능력자가 되기까지 더욱 큰 역심으로 준비되었다. 결국, 압살롬의 반역은 완벽하였고 아버지 다윗은 압살롬을 피해 도망하는 신세가 되었다. 예루살렘을 차지한 압살롬은 정복자의 전통에 따라 백주白晝에 아버지의 첩들을 왕궁 옥상에서 성폭행하는 파렴치한 짓까지 하게 된다. 이는 다윗의 간음죄와 살인죄의 결과 중의 하나이기도 했다. 자식의 역모를 온몸으로 감당해야 하는 아버지 다윗의 마음은 갈기갈기 찢겼을 것이다. 이보다 더한 고통은 없을 것이다. 그런 모든 것을 다윗은 감내했다. 자식을 향해 공평하지 못했던 다윗은 아들 압살롬의 반역을 온몸으로 받아들일 수밖에 없었다. 이 또한 다윗은 그 결과를 정직하게 인정하고 수용한 것이다. 이후 다윗은 압살롬의 반역을 진압하고 솔로몬을 왕으로 세웠지만, 아들 압살롬을 잃게되었고 솔로몬의 아들들에서 나라가 분열되고 급기야 온 나라가 멸망하는 결과도 정직하게 받아들여야 했다.

　다윗은 살인자다. 다윗은 간음자다. 다윗은 자식들을 편애했던 아버지다. 다윗은 비열한 사람이다. 다윗은 간사한 사람이다. 다윗은 상당히 감정적인 사람이다. 그럼에도 불구하고 다윗은 하나님이 기뻐하는 사람이다. 다윗은 그 중심에 여호와 하나님을 경외하는 사람이다. 다윗은 하나님을 두려워하는 사람이다. 다윗은 하나님을 인식하고 의식하는 사람이다. 다윗은 여호와 앞에 정직한 사람이다. 다윗은 여호와 앞에 진솔한 사람이다. 다윗은 여호와 앞에 순수한 사람이다. 다윗은 여호와를 기뻐하는 사람이다. 다윗은 하나님을 참 좋아하는 사람이다. 다윗은 자신의 죄를 인정하는 정직한 사람이다. 다윗은 자신의 연약하고 나약함을 솔직하게 인정하는 사람이다. 다윗은 하나님의 긍휼로 살아가는 사람이다. 다윗은 외식과 위선과는 거리가 먼 사람이다. 다윗은 여호와 하나님 앞에 자신이 죄인 중의 죄인임을 너무나도 솔직하게 인정하는 사람이다. 그래서 다윗을 하나님은 좋아하신다. 그래서 다윗을 하나님은 기뻐하신다. 그래서 다윗을 하나님은 사랑하신다. 그래서 다윗은 여호와 하나님을 향한 정직한 예배자이다. 그래서 다윗은 여호와 하나님을 향한 믿음의 신실한 사람이다. 다윗의 중심에는 늘 여호와 하나님을 향한 정직한 마음이 있었다.

정직 *Honesty*

정직하면 출세하지 못하는 세상이다. 백색 거짓말은 솔직한 말보다 필요해서 세상을 살아가는 처세술이 되는 세상이다. 어린 자녀들은 가르쳐주지 않아도 거짓말부터 하게 된다. 사람들은 죄를 짓거나 잘못을 하게 되면 둘러대고 변명하는 것이 자연스러운 세상이다. 반복되는 거짓과 속임수에 양심이 굳어지고 얼굴이 두 개로 갈라진다. 변하지 않는 한 가지 진실과 사실 앞에 두 가지 세 가지의 현장을 만들어 낸다. 말로 더하고 빼는 거짓말로 결국 새로운 현장을 만들어 진실과 사실을 훼손하게 된다. 사람들의 거짓말은 일상의 습관이 되어 가고 있다. 세월호 참사가 그랬고 이태원 참사가 그랬다. 위정자들이 솔선수범하여 진실을 훼손하고 사실을 왜곡하고 있는 현실이다. 분명히 두 귀로 듣고 두 눈으로 본 한 가지 진실과 사실도 말로 왜곡하고 변질하여 두 가지 세 가지 현장을 만들어 내는 현실이다. 위정자들의 거짓만을 탓할 수 없다. 교회 목회자들도 마찬가지이다. 숨기는 것들이 많고 가려야 할 것들이 너무 많은 곳이 교회가 되어버렸다. 하나님 앞에서 발가벗은 채로 밝히 드러내어 서야 하는 자들이 그리스도인들인데 은혜로 덮고 덕으로 가리며 세상에 거짓과 속임수의 본을 만방에 알리고 있는 교회 현실을 본다. 세상에서 명백히 드러난 목회자들의 헌금 횡령, 성범죄, 각종 불법을 교회당에서만 아니라고 변명한다. 피해자가 있고 증거가 있고 증인이 있고 입증할 수 있는 모든 것이 있어도 교회당에 모인 사람들만은 아니라고 거짓말한다. 세상 다른 사람들은 몰라도 자신들의 목회자만은 아니라고 주장한다. 유일하신 여호와 하나님을 믿는 교회에서, 모든 것을 아시는 전지전능하신 여호와 하나님을 믿는 교회에서, 아니 계시는 곳이 없는 무소부재하신 여호와 하나님을 믿는 교회에서 반드시 존재하는 진실과 사실을 두고 대립하고 충돌하여 분열하고 분쟁하고 있는 것이 많은 교회의 현실이다. 그 중심에는 진실의 당사자인 목회자들이 있다. 이 세상 어디든 진실과 사실은 반드시 존재한다. 적어도 자신은 진실과 사실이 무엇인지 안다. 그리고 여호와 하나님 또한 알고 계신다. 세상 어디든 사람이 있는 곳에는 거짓이 있다. 거짓은 진실을 훼손하고 왜곡할 때 존재하는 것이다. 이는 거짓이 있는 곳에는 반드시 진실과 사실이 있다는 반증이기도 하다.

  세상은 둘로 나뉜다. 정직의 세상과 거짓의 세상이다. 한 가지 진실과 사실 앞에 정직과 거짓의 선택을 해야 한다. 왜 세상은 정직하게 진실과 사실을 인정하지 않고 거짓으로 진실과 사실을 그토록 부인하려는 것일까. 이는 사람을 창조하신 이에게 그 답이 있을 것이다. 창조주 하나님은 죄를 선택할 수 있는 자유의지를 주어 사람을 창조하셨다. 결국, 첫 사람인 아담은 죄를 선택했다. 이것이 사실이고 진실이다. 사람을 창조하신 하나님은 이것을 부인하지 않으신다. 자유의지에 대한 창조는 하나님 자신의 작품이기 때문이다. 이후 창조주 하나님은 자유의지로 죄를 선택한 사람들을 구원할 계획을 세우셨다. 이것이 복음인 예수 그리스도이시다. 예수 그리스도를 통한 유일한 구원의 방법은 간단하다. 하나님은 사람들이 죄를 선택할 수밖에 없는 죄인임을 인정한다. 누구나 죄를 지을 수 있고 그 죄를 반복하여 지을 수 있는 것을 인정한다. 하나님은 자신이 창조한 모든 사람이 죄인이라는 사실을 잘 알고 있다. 창조로부터 구약을 거쳐 신약을 사는 모든 사람이 죄인으로 이 땅 가운데 오는 것을 잘 알고 있다. 문제는 죄인들이 자신들의 죄罪[39]를 정직하게 인정하느냐 거짓으로 속이느냐 하는 것이다. 죄를 정직하게 인정하면 유일하게 죄를 해결하시는 예수 그리스도가 복음이 되고 은혜가 되는 것이고, 거짓으로 속이면 예수 그리스도는 아무 상관이 없는 율법이 되는 것이다. 하나님의 창조와 예수 그리스도의 구원 그리고 이를 돕는 성령님의 은혜를 완벽하게 잘 알고 있는 존재가 바로 사탄이다. 사탄이 할 수 있는 유일한 방법은 거짓으로 속여 사람들이 자신의 죄를 정직하게 인정하지 않게 하는 것이다. 그래서 사탄은 애초부터 거짓의 아비이며 거짓말쟁이이다. 사탄은 거짓으로 속이는 것 외에 할 수 있는 것이 아무것도 없는 존재이다. 사탄의 거짓은 두 가지이다. 하나는 사람들을 애초에 죄를 지을 수 없는 의인의 반열에 올려놓아 외식과 위선으로 의인인 체하게 하는 것이고, 하나는 죄를 정직하게 인정하면 죄에 대한 대가로 무거운 죄과를 지게 하여 스스로 정죄함으로 책임을 지게 하는 것이다. 자신의 죄를 정직하게만 인정하면 예수 그리스도를 믿음으로 그분의 보혈이 구속 곧 죄 사함을 주시고, 돌아서면 또 죄짓는 인생을 용기 내어 계속해서 정직하게 인정하게 할 수 있는 성령님의 은혜로 살아가게 하시는 것이다. 병원을 찾은 환자가 의사의 진단을 받아들여야 약과 주사를 쓸

---

39) 원죄는 '인류의 시조인 아담과 하와가 선악과를 따 먹은 죄 때문에 모든 인간이 날 때부터 가지고 있다는 죄'를 뜻하며, 자범죄는 '사람이 출생 후부터 짓는 죄'를 의미한다.

수 있고 수술을 할 수 있는 것과 유사한 것이다. 의사의 진단과 처방을 정직하게 인정하지 않으면 그 어떤 치료와 고침도 있을 수 없는 것이다. 다윗은 살인자다. 다윗은 십계명을 어길 수밖에 없는 죄인 중의 죄인이다. 그럼에도 불구하고 하나님께서는 그 중심을 보시며 그를 마음에 합한 사람이라 하셨다. 그 이유는 다윗은 여호와 앞에 사람 앞에 늘 자신의 죄를 정직하게 인정하는 정직한 사람이었기 때문이다.

여호와 하나님을 거짓으로 속이는 자들이 있다. 여호와 하나님을 외식과 위선으로 속이는 자들이 있다. 사람들만 모르면 하나님도 모를 것으로 생각하는 사람들이 있다. 하나님의 자리에서 하나님의 말씀을 왜곡하여 사람들을 속이고 미혹하는 자들이 있다. 하나님을 업신여기고 가벼이 여기며 자기를 하나님처럼 여기는 사람들이 있다. 여호와 하나님에 대한 믿음이 없기 때문이다. 여호와 하나님을 사람들처럼 속일 수 있다고 생각하기 때문이다. 거짓의 아비이며 거짓말쟁이인 사탄에게 속고 있기 때문이다. 거짓의 아비이며 거짓말쟁이인 사탄이 유사한 것으로 변질시키고 왜곡시키고 있기 때문이다. 거짓의 아비이며 거짓말쟁이인 사탄이 변질시키고 왜곡시킨 것이 적당히 편하고 적당히 쉽고 적당히 비슷하기 때문이다. 변질되고 왜곡된 믿음이란 거짓으로 속이고 외식하고 위선적이며 업신여기는 것이다. 하나님에 대한 바른 믿음이 없으므로 하나님 앞에서 정직하지 못한 것이다. 하나님의 의에 대한 바른 믿음이 없으므로 죄인이 되지 못하고 외식하는 의인이 되는 것이다. 죄인이 정직을 잃어 버리면 구원받을 방법은 없다. 하나님 앞에서 정직하게 죄인으로 인정하지 못하면 예수 그리스도가 죄인의 유일하신 구원자가 될 수 없다. 하나님 앞에서 죄인이 정직하게 자신의 죄를 인정하지 못하면 예수 그리스도의 보혈로 죄 사함을 경험할 수가 없다. 하나님 앞에서 자신을 속이고 남을 정죄하고 판단하는 자에게는 정직한 믿음을 찾을 수가 없다. 이미 자신만이 구별된 의인이 되어 자신을 심판자로 속이며 결코 예수 그리스도가 필요 없는 전능자가 되어있기 때문이다. 믿음은 하나님 앞에서 정직하게 자신의 죄를 인정하는 것이다. 하나님 앞에서 솔직하고 진솔하게 살아가야 한다. 하나님 앞에서 정직할 때 비로소 믿음을 볼 수 있다. 세상 가운데 정직하게 살아갈 때 비로소 믿음을 확인할 수 있다. 정직은 믿음으로 살아가는 사람들 곧 그리스도인들의 화면이 되어야 한다. 여호와 하나님을 믿는 것은 여호와 하나님을 경외하는 것이요 여호와 하나님을 경외하는 것은 결국 여호와 하나님 앞에 정직할 수밖에 없는 것이 되어야 한다. 우리는 다윗처럼 늘 여호와 하나님 앞에 정직한 훈련을 해야 한다. 정직은 여호와 하나님의 구원을 이루는 유일한 시작이기 때문이다. 그러므로 기독교의 믿음πίστις피스티스은 다윗처럼 여호와 앞에서의 정직하게 살아가는 삶이다.

기독교의 믿음πίστις피스티스으로 다윗은 하나님 앞에서 은밀한 죄를 정직하게 인정했다. 그렇기에 기독교의 믿음πίστις피스티스은 정직Honesty이다.

다시 기독교의 믿음πίστις피스티스으로 우리는 정직해야 한다.

다시 믿음πίστις피스티스으로⋯
다시 성경의 믿음πίστις피스티스으로⋯
다시 기독교의 믿음πίστις피스티스으로⋯

8. 순전하다
Consistency

믿	음	으	로		욥	은		부	요	하	여		풍
족	하	고		행	복	할		때	나		예	기	치
못	한		갑	작	스	런		극	한		고	통	과
아	픔		가	운	데	서	도		변	함	없	이		흔
들	리	지		않	고		일	관	되	게		하	나	님
을		향	한		순	전	한		마	음	을		잃	지
않	았	다	.		그	렇	기	에		믿	음	은		순
전	이	다	.										

믿음πίστις피스티스으로 욥은 부요하여 풍족하고 행복할 때나 예기치 못한 갑작스런 극한 고통과 아픔 가운데서도 변함없이 흔들리지 않고 일관되게 하나님을 향한 순전한 마음을 잃지 않았다. 그렇기에 믿음πίστις피스티스은 순전Consistency이다.

"우스 땅에 욥이라 불리는 사람이 있었는데 그 사람은 온전하고 정직하여 하나님을 경외하며 악에서 떠난 자더라 그에게 아들 일곱과 딸 셋이 태어나니라 그의 소유물은 양이 칠천 마리요 낙타가 삼천 마리요 소가 오백 겨리요 암나귀가 오백 마리이며 종도 많이 있었으니 이 사람은 동방 사람 중에 가장 훌륭한 자라 그의 아들들이 자기 생일에 각각 자기의 집에서 잔치를 베풀고 그의 누이 세 명도 청하여 함께 먹고 마시더라 그들이 차례대로 잔치를 끝내면 욥이 그들을 불러다가 성결하게 하되 아침에 일어나서 그들의 명수대로 번제를 드렸으니 이는 욥이 말하기를 혹시 내 아들들이 죄를 범하여 마음으로 하나님을 욕되게 하였을까 함이라 욥의 행위가 항상 이러하였더라 하루는 욥의 자녀들이 그 맏아들의 집에서 음식을 먹으며 포도주를 마실 때에 사환이 욥에게 와서 아뢰되 소는 밭을 갈고 나귀는 그 곁에서 풀을 먹는데 스바 사람이 갑자기 이르러 그것들을 빼앗고 칼로 종들을 죽였나이다 나만 홀로 피하였으므로 주인께 아뢰러 왔나이다 그가 아직 말하는 동안에 또 한 사람이 와서 아뢰되 하나님의 불이 하늘에서 떨어져서 양과 종들을 살라 버렸나이다 나만 홀로 피하였으므로 주인께 아뢰러 왔나이다 그가 아직 말하는 동안에 또 한 사람이 와서 아뢰되 갈대아 사람이 세 무리를 지어 갑자기 낙타에게 달려들어 그것을 빼앗으며 칼로 종들을 죽였나이다 나만 홀로 피하였으므로 주인께 아뢰러 왔나이다 그가 아직 말하는 동안에 또 한 사람이 와서 아뢰되 주인의 자녀들이 그들의 맏아들의 집에서 음식을 먹으며 포도주를 마시는데 거친 들에서 큰 바람이 와서 집 네 모퉁이를 치매 그 청년들 위에 무너지므로 그들이 죽었나이다 나만 홀로 피하였으므로 주인께 아뢰러 왔나이다 한지라 욥이 일어나 겉옷을 찢고 머리털을 밀고 땅에 엎드려 예배하며 이르되 내가 모태에서 알몸으로 나왔사온즉 또한 알몸이 그리로 돌아가올지라 주신 이도 여호와시오 거두신 이도 여호와시오니 여호와의 이름이 찬송을 받으실지니이다 하고 이 모든 일에 욥이 범죄하지 아니하고 하나님을 향하여 원망하지 아니하니라 사탄이 이에 여호와 앞에서 물러가서 욥을 쳐서 그의 발바닥에서 정수리까지 종기가 나게 한지라 욥이 재 가운데 앉아서 질그릇 조각을 가져다가 몸을 긁고 있더니 그의 아내가 그에게 이르되 당신이 그래도 자기의 온전함을 굳게 지키느냐 하나님을 욕하고 죽으라 그가 이르되 그대의 말이 한 어리석은 여자의 말 같도다 우리가 하나님께 복을 받았은즉 화도 받지 아니하겠느냐 하고 이 모든 일에 욥이 입술로 범죄하지 아니하니라"

— 욥기 1:1-5, 13-22, 2:7-10

우스 땅에 욥이란 사람

성경은 욥을 명료하게 설명한다. 욥은 온전하고 정직하여 하나님을 경외하며 악에서 떠난 사람이다. 욥은 아들 7명과 딸 3명이 있었다. 그의 소유는 양이 7,000마리, 낙타가 3,000마리, 소가 1,000마리, 암나귀가 500마리가 있었고 종도 많았다. 욥은 부자이기도 했지만, 동방 사람 중에 가장 훌륭한 사람이었다. 욥은 자기 아들들과 딸들이 각각 자기 생일잔치에 모여 먹고 마신 후 잔치를 끝날 때면 그들을 차례대로 불러 그들을 성결하게 하고 아침이 되면 그들의 명수대로 매번 번제를 드렸다. 욥은 혹시라도 자녀들이 죄를 범하여 마음으로 하나님을 욕되게 하였을까 항상 이러하여 그때마다 번제를 드렸다. 욥의 온전하고 정직하고 하나님을 경외하며 악에서 떠난 삶은 상황과 환경에 상관없이 늘 한결같았고 늘 변함이 없었고 늘 일관된 순전한 삶이었다.

하나님의 자랑, 욥

하늘에서 하나님의 아들들의 모임 가운데 사탄도 그들 가운데 오게 되었다. 하나님께서는 사탄에게 욥을 자랑했다. 욥을 자세히 주의하여 살펴보라고 했다. 욥과 같이 온전하고 정직하여 하나님을 경외하며 악에서 떠난 자는 세상 가운데 없다고 자랑하셨다. 욥처럼 상황과 환경에 상관없이 늘 한결같이 변함 없이 일관되게 온전하고 정직하여 하나님을 경외하며 악에서 떠난 순전한 믿음을 가진 자는 이 세상에 없다고 자랑하셨다. 사탄은 욥이 하나님을 경외하는 것은 분명 까닭이 있기 때문이라 항변抗卞[40]했다. 하나님께서 그의 집과 그의 모든 소유물을 보호하시고 그의 손으로 하는 바를 복되게 하시고 그의 소유물을 넘치게 하시기에 마땅히 그렇게 순전한 믿음을 가진 것이라 항변했다. 지금이라도 그의 갖은 모든 소유물을 빼앗아 버리면 틀림없이 주를 향하여 욕할 것이라 항변했다. 욥의 온전하고 정직하여 하나님을 경외하며 악에서 떠난 순전한 믿음은 하나님으로부터 받은 소유의 복에 있는 것이라고 사탄은 판단했다. 여호와께서는 욥의 소유물 전부를 사탄에게 맡기며 욥의 몸에는 결코 손을 대지 말라 하시며 욥을 향한 사탄의 시험을 허락하셨다.

욥의 순전한 믿음은 부요함에 있지 않았다

사탄의 반격이 시작되었다. 사탄은 분명 욥의 소유물을 전부 빼앗으면 여호와를 향한 믿음이 변질될 것이라 확신했다.

---

40) 못마땅한 생각이나 반대의 뜻을 주장함.

욥의 자녀들은 맏아들의 집에서 함께 모였다. 그때 사환들이 이곳저곳에서 달려와 욥에게 소식을 전했다. 스바 사람들이 나귀를 빼앗고 종들을 죽이고 밭을 빼앗았다. 하나님의 불이 하늘에서 내려 양들과 종들을 살라버렸다. 갈대아 사람들이 낙타를 빼앗고 칼로 종들을 죽였다. 맏아들의 집에서 함께 음식을 먹던 10명의 자녀가 큰바람에 집안 기둥이 무너져 모두가 죽고 말았다. 욥이 가진 모든 가축을 빼앗겼고 종들이 죽었으며 땅을 빼앗겼고 결국 자신의 7명의 아들과 3명의 딸이 한날한시[41]에 죽고 말았다. 사탄은 욥이 하나님을 원망하며 믿음을 저버리고 낙심하여 고통받을 줄 알았다. 그렇게 확신했다. 그러나 욥은 달랐다. 달라도 매우 달랐다. 이 모든 소식을 들은 욥은 일어나 겉옷을 찢고 머리털을 밀고 엎드려 여호와께 예배를 드렸다. 욥은 그런 와중에 이렇게 고백을 했다. "내가 모태에서 알몸으로 나왔사온즉 또한 알몸이 그리로 돌아가올지라 주신 이도 여호와시오 거두신 이도 여호와시오니 여호와의 이름이 찬송을 받으실지어다." 욥은 까닭 없이 자식들을 포함한 모든 것을 잃었다. 세상의 인과응보의 논리가 아닌 마른하늘에 날벼락을 맞은 것이다. 이는 욥의 죄의 결과가 아니었다. 외식과 실족케 하는 잘못도 아니었다. 욥의 고난은 까닭 없이 아무런 이유 없이 아무것도 모른 채 일어난 모든 것이 납득할 수 없는 상황이었다. 그

---

41) 같은 날 같은 시각.

럼에도 불구하고 욥은 이 모든 일에 말로도 마음으로도 죄를 범하지 아니하였고 하나님을 향하여 그 어떠한 원망도 불평도 하지 아니하였다. 사탄은 도저히 이해할 수 없는 일을 욥을 통해 직관하게 되었다. 자기 생각과 계획이 물거품이 된 것이다. 그런데도 사탄은 물러서지 않았다. 이제는 자녀들을 포함한 모든 소유물이 아닌 욥의 생명이었다. 욥의 건강이었다. 사탄은 욥의 건강을 건드리면 여호와를 향한 믿음이 변할 줄 확신했다. 여호와께서는 또다시 마지막 생명을 제외하고 그 모든 것을 사탄에게 허락하셨다.

욥의 순전한 믿음은 건강에 있지 않았다

자식을 포함한 모든 소유물을 빼앗아도 욥은 여전히 온전하고 정직하여 하나님을 경외하며 악에서 떠난 순전한 믿음의 사람이었다. 사탄이 하나님을 충동하여 까닭 없이 욥을 치게 하였으나 욥은 여전히 자기의 온전함을 굳게 지키는 순전한 사람이었다. 사탄은 더욱 강렬하게 욥을 치기 시작했다. 욥의 뼈와 살을 치면 욥이 주를 향하여 틀림없이 욕할 것이라 확신했다. 죽음 앞에 흔들리지 않는 사람이 없다는 것을 잘 알았기 때문이다. 욥도 예외는 아닐 것이라 확신했다. 생명이 경각에 달려 있는데 변함없이 믿음을 지키는 사람은 결코 없을 것이라 확신했기 때문이다. 사탄은 욥을 쳤다. 그의 발바닥에서 머리 정수리까지 온몸에 종기가 나게 했다. 그 고통이 얼마나 심했길래 욥은 재 가운데 앉아서 질그릇 조각으로 자신의 몸을 긁는 것이 전부였다. 온몸에는 피와 고름이 범벅이 되었을 것이다. 그 가려움이 죽고자 하는 마음마저 들 정도로 심했을 것이다. 자신의 살을 피가 나기까지 긁고 파야 하는 욥의 고통은 이루 말할 수 없었을 것이다. 아무런 까닭 없이 찾아온 병마 앞에 욥도 충분히 흔들릴 수 있었을 것이다. 이런 상황 속에 욥의 아내는 한술 더해 욥의 곁에서 알량한 자기 온전함을 지키겠다 하지 말고 차라리 하나님을 욕하고 죽으라고 비난과 저주를 남편에게 퍼붓고 있었다. 몸의 고통도 심하여 감당하기 어려운 상황인데 아내까지 곁에서 자신의 믿음을 인정해주지 않고 비난하고 있으니 욥은 더는 이 땅 가운데 버틸 수 있는 그 어떤 것도 없는 상태가 된 것이다. 아무런 까닭 없이 받은 환경과 상황만 놓고 보면 욥이 하나님을 원망하고 욕을 해도 이해하지 못할 사람은 단 한 사람도 없을 것으로 생각된다. 여호와 하나님을 향한 온전함도 정직도 경외함도 모든 믿음도 저버리고 돌아서도 누구나 공감하고 동의할 수 있는 상황이 된 것 같다. 아무런 이유 없이 당신의 자녀들을 시험하고 평가하며 사탄에게 내어주는 그런 하나님이라면 욕하고 언제든 떠나도 무방한 상황이다. 그렇게 버티고 있는 남편을 보는 아내의 마음도 이런 마음이었을 것으로 생각한다. 그럼에도 불구하고 욥은 입술로 죄를 범할 수 없었다. 아내의 심정은 충분히 이해하지만, 욥에게는 어리석은 한 여자의 말에 불과했다. 욥은 분명하고 한결같았다. 변함이 없고, 일관되게 여호와 하나님을 향한 순전한 믿음을 유지했다. 우리가 하나님께 까닭 없이 복을 받아 풍요롭게 사는 것도 행복이라면 우리가 하나님께 까닭 없이 화를 받아 고통 중에 사는 것도 행복이라는 믿음을 절대로 잃지 않았다. 욥은 입술로도 말 한마디 죄를 범하지 않았으며 마음으로도 한마음도 죄를 범하지 않은 이전보다 그 믿음이 더욱 견고해진 지독한 믿음을 가진 사람이었다. 여호와 하나님을 향한 욥의 믿음은 재물도 자식도 아내도 건강도 아무런 소용이 없었다. 그 모든 것은 욥의 순전한 믿음 그 어떤 것도 흔들지 못했다. 도리어 고난이 더해질수록 여호와 하나님을 향한 믿음은 더욱 견고해지고 단단해지는 순전함을 유지했다. 사탄은 미칠 노릇이었다. 자신이 생각하고 계획한 것들이 모두 빗나갔기 때문이다. 이런 상황에도 사탄은 여전히 물러서지 않았다. 자신의 실패를 인정하지 않았다. 끝으로 함께하는 믿음의 사람들을 통해 욥의 믿음의 자존심을 건드려 자신의 목적을 이루고자 했다. 교묘한 믿음, 유사한 믿음으로 욥의 믿음을 왜곡되고 변질된 믿음으로 만들기 위해 계획했다.

욥의 순전한 믿음은 사람에게 있지 않았다

욥에게는 친구들이 있었다. 데만 사람 엘리바스, 수아 사람 빌닷, 나아만 사람 소발 그리고 가장 젊은 부스 사람 엘리후였다. 친구들이 욥을 찾았을 때 욥의 몰골은 온몸의 종기로 알아보지 못할 정도로 흉해 있었다. 친구들은 함께 울어주었다. 소리를 치며 자기 겉옷을 찢고 하늘을 향해 티끌을 자기의 머리에 뿌리며 욥과 함께해 주었다. 욥의 고통이 심함을 보며 친구들은 할 말을 잃고 말았다. 그렇게 보낸 시간이 밤낮 7일이었다. 사람으로 차마 볼 수 없는 욥의 고통이 갈수록 심해지는 것을 곁에서 본 친구들은 많은 생각을 했을 것이다. 나름 여호와 하나님을 향한 믿음을 가진 친구들이었기 때문이다. 각자 나름의 믿음으로 욥의 처한 상황을 보며 욥을 해석하고 판단했을 것이다.

욥은 친구들이 보기에도 하나님의 복을 가장 많이 받은 친구이다. 어느 것 하나 빠지지 않고 복을 받은 욥은 하나님을 향한 믿음까지 자신들보다 좋았음을 알고 있었다. 가정의 행복, 자녀들의 잘 됨, 풍족한 소유물 등 이 모든 것은 욥의 신실한 믿음에 대한 하나님의 대가라는 생각을 했을 것이다. 그리고 친구들은 평소에 그런 욥을 부러워했을 것이다. 친구들에게 욥은 부러우면서도 본받아야 할 그런 친구였을 것이다. 그러나 마음 한편에는 영혼이 잘 되고 범사가 형통한 욥을 향한 시기가 꿈틀거렸을 것이다. 친구들은 입 밖으로 자신들의 시기를 쉽게 꺼낼 수 없었을 것이다. 이는 욥의 믿음과 삶을 인정할 수밖에 없었기 때문이었을 것이다. 온전하고 정직하여 하나님을 경외하며 악에서 떠난 바른 믿음의 삶을 사는 친구 욥을 인정할 수밖에 없었기 때문이다. 그런데 친구들은 자신들의 눈앞에 모든 것을 잃어버리고 온몸에 종기가 나서 기왓장으로 긁고 있는 그런 친구 욥의 모습을 눈앞에서 보고 있다. 욥의 아내가 차라리 하나님을 향해 욕하고 죽으라고 자신의 남편을 외면하고 있는 모습까지 욥의 친구들은 보고 있다. 얼마 전 그렇게 신실하고 존경받고 인정받고 자신들이 본받고 싶고 부러워하는 그런 친구 욥이 망할 뿐만 아니라 저주를 받은 모습으로 너무나도 비참하게 있는 친구 욥의 처절한 모습이 친구들 앞에 펼쳐지고 있다. 친구들에게는 믿을 수 없는 일이었을 것이다. 믿어지지 않는 일이었을 것이다.

7일 밤낮의 침묵을 깨고 친구들은 욥에게 입을 열었다. 그들은 평소에 마음 깊은 곳에서 하고 싶은 자신들의 말, 하고 싶어도 쉽게 할 수 없었던 자신의 말을 꺼내었다. 마음속 깊은 곳 한 편에 있었던 그 시기심의 본색을 드러내기 시작했다. 자신들의 눈앞에 있는 욥의 처지를 보며 자신들의 판단과 해석으로 고통받고 있는 친구 욥을 위로한다는 생각을 한 것이다. 친구들은 친구 욥의 현실을 나름 성경적이고 신앙적이고 신학적으로 판단한 것으로 보인다. 먼저는 친구 욥이 모든 것을 잃어버리고 온몸으로 고통을 감내하는 지금의 모습은 평소에 자신들과 달리 유난을 떨었던 욥의 믿음 때문이고, 다음은 자신들도 알 수 없는 여호와 하나님을 향한 외식의 죄 때문이라는 것을 알려주고 싶었다. 친구들은 돌아가면서 욥을 설득하기 시작했다. 욥의 유난을 떨었던 믿음과 욥의 죄를 인정하라는 것이다. 욥의 지금 처한 비참한 현실은 욥의 잘못된 믿음과 욥의 죄 때문이라는 친구들의 분명한 판단이었다. 그리고 욥의 지금의 처지를 보고 인정하라고 나름 자신들의 믿음과 하나님을 향한 지식으로 설득하고 있는 세 친구를 볼 수 있다. 모든 감언이설甘言利說[42]로 욥을 가르치고 설득하고 이해시키는 친구들을 볼 수 있다. 친구들의 말은 조언 같지만 결국 사탄이 원하는 대로 하는 것이었다. 사탄은 욥의 친구들을 통해 욥의 믿음은 여호와를 향한 순전한 마음이 아니라 물질 때문이요 소유물 때문이요 건강 때문이요 잘 됨 때문이요 결국 기복 때문이라는 것으로 속이려고 했다. 또한, 이 모든 결과는 욥의 죄의 결과라는 자신의 거짓을 친구들을 이용하여 미혹하고 있다. 욥의 친구들은 쉽게 욥을 설득할 수 있을 거로 생각했지만 그에 반하여 욥은 결코 사탄의 계략에 넘어가지 않았고 여호와 하나님을 향한 순전한 욥의 믿음은 친구들의 어리석은 말에도 절대로 흔들리지 않았다. 말을 자

---

42)   남의 비위에 맞도록 꾸민 달콤한 말과 이로운 조건을 내세워 꾀는 말.

제하던 가장 어린 친구 엘리후는 마침내 입을 열었고 더욱 교묘한 믿음의 논리로 욥에게 죄를 인정하라고 했다. 여호와 하나님을 향한 믿음이 절대로 변하지 않는 욥을 향해 친구들은 비웃고 조롱하며 결국에는 분노하게 되었다.

욥의 친구들은 사탄의 거짓과 속임수에 넘어가 줄 기복주의祈福主義[43]와 인본주의人本主義[44], 인과응보因果應報[45]의 논리로 욥을 설득하려 했다. 그러나 욥은 친구들을 통한 사탄의 교묘한 속임에 넘어가지 않았다. 사탄의 간교한 거짓 계략에 미혹되지 않았다. 욥은 사탄의 왜곡되고 변질된 믿음에 속아 넘어가지 않았다. 욥은 사탄이 자신의 친구들의 말을 통해 여호와 하나님을 향한 순전한 믿음을 미혹하고 있지만, 절대로 흔들리지 않았고 일관되게 자신의 믿음을 유지했다. 욥은 친구들 앞에서도 아내 앞에서도 자녀들 앞에서도 여호와 하나님의 절대주권絶對主權[46]을 믿고 순종하는 순전한 믿음을 확고하게 지켰다. 욥은 여호와 하나님을 향한 절대적 권한 앞에서 사탄과 타협하지 않았다. 욥은 여호와 하나님의 절대적 말씀 앞에서 친구들과 타협하지 않았다. 욥은 여호와 하나님께서 생사화복의 주관자이시고

---

43) 복을 비는 것을 가장 중요하게 여기는 사고방식.
44) 인간이 모든 것의 중심이 된다는 사상.
45) 선(善)을 행하면 선(善)의 결과가, 악(惡)을 행하면 악(惡)의 결과가 반드시 뒤따름.
46) 절대적인 하나님의 권력. 자연과 인간에 대한 지배권이 오직 하나님에게만 있다는 것을 뜻한다.

죄는 어느 것 하나 용납하지 않으시며 오직 하나님의 믿음으로만 구원하시는 유일한 구원자이시고 실수하지 않으시는 완전하신 분이시며 마음과 생각을 감찰하시며 입술의 말에 놀아나지 않으시는 분이심을 한결같이 변함없이 일관되게 믿는 순전한 믿음을 지켰다. 그러므로 소유물도 건강도 가족도 친구들도 욥을 결코 흔들 수 없었다. 욥은 여호와 하나님과 그분의 말씀에 한결같은 믿음을 가졌다. 욥은 여호와 하나님과 그분의 말씀에 변함없는 믿음을 가졌다. 욥은 여호와 하나님과 그분의 말씀에 일관된 믿음을 가졌다. 욥은 여호와 하나님과 그분의 말씀에 순전한 믿음을 가졌다.

타협하는 소리

그렇게까지 할 필요가 있습니까. 좋은 것이 좋은 데 그냥 대충 원만하게 믿으면 되지 그렇게까지 유난을 떨 필요가 있습니까. 혼자만 잘 믿는 것처럼 그렇게 고집하는 것은 믿음의 아집일 뿐이니 적당하게 타협하고 서로에게 좋은 쪽으로 하면 되지 않습니까. 다른 사람들도 다 그렇게 하는데 서로 눈감아주면 되지 않겠습니까. 다 부족한 죄인인데 실수하고 잘못하는 것에 그리 민감할 필요가 있습니까. 죽을 때쯤 회개하고 용서를 구하면 다 용서하신다는데 굳이 지금 이렇게 말씀대로 팍팍하게 살아갈 필요가 있습니까. 죄를 지으면 적당히 은혜로 덮고 서로 용서해 주는 것이 더 성경적이지 않겠습니까. 목사들도 다 돈 앞에 적당히 면죄하고 교회를 운영하는 것을 보면 우리도 그렇게 적당히 하면 되지 않겠습니까. 신에게 도달하는 길이 하나가 아닌데 굳이 그렇게까지 다른 종교와 대립하며 기독교의 독선의 불편함을 감내할 필요가 있습니까. 구원에 이르는 길을 한 가지로 고집하는 아집이 결국 하나님의 사랑을 흠집 내는 것은 아닙니까. 성경 말씀은 사람들이 기록하였고 결국 그 시대 사람들의 해석인데 우리도 현재의 형편에 맞게 말씀을 해석하고 적용하면 되지 않겠습니까. 사랑이신 하나님께서도 사람을 천하보다 귀하게 여기시고 사랑하시는데 상내적 갈등과 불회가 있을 때는 사람이 좋은 쪽으로 결정하고 선택하면 되지 않겠습니까. 부모들이 죽을 날이 얼마 남지 않았기에 모든 불법과 불의에 대한 업보를 다 지게 하고 자식들에게는 살날이 많이 남았기에 불법과 불의의 수많은 재물과 권력을 물려주어 편하게 살게 하면 되지 않겠습니까. 하나님도 불의의 물질을 정성으로 드리면 좋아하지 않겠습니까. 물질을 좋아하시는 하나님께서 구원도 충분히 타협해 주시지 않겠습니까. 믿지 않는 부모를 위해 바치는 자식들의 풍족한 재물을 보시면 사랑이 많으신 하나님께서도 연옥煉獄[47]에 대기하시는 부모님을 천국으로 보내시지 않겠습니까. 다

---

47) 천주교에서 만든 교리로서 천국과 지옥 사이에 있으며 일부 영혼들이 존재한다고 믿는 장소.

른 모든 종교처럼 기복주의, 인본주의, 인과응보의 논리로 서로
에게 불편함이 없이 존중해주면 좋지 않겠습니까.

　모든 인생의 결과는 죄 때문이기에 선한 업보와 수양을 통해
자신의 죄를 해결해야 하지 않겠습니까. 자식이 잘못되는 것은
부모의 죄로 인함이니 가계에 흐르는 저주를 끊어야 하지 않겠
습니까. 장애와 천재지변은 평소 자신들의 쌓은 죄 때문 아닙니
까. 가난과 실패, 사고와 질병, 고통과 불행도 자신들의 죄 때문
이 아닙니까. 이는 하나님께서 죄를 가장 싫어하시고 미워하시
기에 죄를 짓는 사람들을 치시는 것 아닙니까. 하나님은 공평하
시고 의로우시기에 죄의 경중에 따라 심판하시는 것 아닙니까.
질투하시는 하나님께서 세상을 더 사랑하여 율법을 준행하지
못하는 사람들을 엄하게 벌하시는 것 아닙니까. 본교회에서 주
일 성수 하지 않는 죄, 교회의 모든 예배를 개근하지 않는 죄,
온전한 십일조를 드리지 않는 죄, 작정하고 서원한 헌금을 기한
내에 드리지 않는 죄, 다니는 교회당을 하나님의 성전으로 구별
하지 않는 죄, 교회에서 임명하는 직분과 봉사에 헌신하지 않는
죄, 하나님의 종인 교회 목회자를 하나님처럼 섬기지 않는 죄,
하나님의 말씀을 대언하는 목회자의 말에 절대복종하지 않는
죄, 목회자보다 예수님을 더 믿고 따르는 죄, 목회자의 설교보다
성경 말씀을 믿고 실천한 죄, 교회의 사역과 일보다 세상에서
말씀으로 살아가는 선교적 삶을 우선하여 살아간 죄는 회개해

야 하는 것 아닙니까. 어떤 죄를 지어도 사제나 목사에게 고해성사告解聖事[48]한 후 헌금을 기부하고 면죄부를 받으면 되는 것 아닙니까. 죄의 경중에 따라 헌금을 많이 내면 용서받을 수 있는 것 아닙니까. 인간의 죄는 인간의 노력과 공로로 용서받을 수 있는 것 아닙니까. 사람에게 죄를 지어도 하나님께만 용서받으면 되는 것 아닙니까. 불법과 불의의 제물로 죄를 용서받으면 되는 것 아닙니까. 실족하여 넘어지는 것은 약해서 그런 것이니 굳이 죄라고 할 수 없는 것 아닙니까. 결국, 믿음도 인과응보因果應報[49], 자업자득自業自得[50], 자승자박自繩自縛[51], 사필귀정事必歸正[52] 등 세상의 이치로 생각하면 되는 것 아닙니까. 결국, 믿음도 기복주의祈福主義[53]와 인본주의人本主義[54]의 논리로 지켜가면 되는 것 아닙니까.

---

48) 세례받은 신자가 지은 죄를 뉘우치고 신부를 통하여 하나님에게 고백하여 용서받는 일.
49) 선을 행하면 선의 결과가, 악을 행하면 악의 결과가 반드시 뒤따름.
50) 자기가 저지른 일의 결과를 스스로가 돌려받음.
51) 자신이 한 말과 행동으로 말미암아 자신이 구속되어 괴로움을 당하게 됨.
52) 모든 일은 반드시 바른길로 돌아가게 마련임.
53) 복을 비는 것을 가장 중요하게 여기는 사고방식.
54) 인간이 모든 것의 중심이 된다는 사상.

알곡과 가라지

가라지는 성경 마태복음 13장에 단 한 번 나온다. 가라지는 밀 속에 나는 잡초이며 독보리로 해석되는 화본과식물이다. 화본과식물 중에서 유일하게 유독식물로 다루어진다. 목초에 섞이면 가축이 먹고 중독을 일으키는 일이 있으므로 독보리毒麥라고도 부른다. 알곡과 가라지를 통해 순전한 믿음과 왜곡되고 변질된 믿음에 대한 교훈을 잊지 않아야 한다. 먼저, 가리지는 알곡과 매우 유사하다는 것이다. 가라지는 이삭이 패어 익기 이전의 생김새가 밀이나 보리와 분간이 되지 않을 정도로 흡사하다. 알곡과 분간하기가 어려우므로 추수 전에는 알곡이 다칠 수 있어 그대로 두는 것이다. 다음은 함께 섞이면 알곡의 맛을 손상한다는 것이다. 가라지독보리를 먹으면 구토와 설사, 현기증을 일으키는 중독 증상이 나타난다. 독보리는 맛이 쓰기 때문에 밀에 섞였을 때는 밀가루의 본연의 맛을 훼손한다. 마지막으로 추수 때에야 분간할 수 있다는 것이다. 가라지독보리는 자람이 왕성한 1년 초草이다. 키는 60~100cm로 자라며 생육 기간에는 밀과 생김이 흡사하여 분간하기 어렵고 또 밀과 같은 계절에 열매가 익기 때문에 추수 때 알곡과 섞이기 쉬운 것이 가라지다. 하지만 가라지의 이삭이 나오면 생김이 판이하게 구분되어 얼른 눈에 띄게 된다. 그래서 추수 때까지 기다렸다가 알곡과 분리하여 불에 태우는 것이다.

순전 *Consistency*

순전한 믿음은 여호와 하나님을 향한 바른 믿음이다. 순전한 믿음은 성경에 기록된 바른 믿음이다. 순전한 믿음이 기독교의 믿음πίστις피스티스이다. 순전한 믿음은 왜곡되고 변질된 유사한 믿음과는 구별되는 믿음이다. 알곡과 가라지 비유에서 알 수 있듯이 왜곡되고 변질된 믿음은 교묘하여 순전한 믿음과 너무 유사하다는 것이다. 왜곡되고 변질된 믿음이 순전한 믿음과 섞이면 바른 믿음이 손상된다는 것이다. 그러나 왜곡되고 변질된 믿음의 정체는 추수 때에 반드시 밝히 드러나 심판을 받는다. 기독교의 믿음πίστις피스티스은 돈과 건강, 사람에 의해 그때마다 타협하여 왜곡하고 변질시키지 말아야 한다. 기독교의 믿음πίστις피스티스은 기복주의, 인본주의, 인과응보의 논리로 왜곡하고 변질시키지 말아야 한다. 기독교의 믿음πίστις피스티스은 여호와 하나님을 향한 믿음, 여호와 하나님의 말씀에 대한 믿음으로 한결같이 변함없이 일관되게 믿음을 지켜야 한다. 기독교의 믿음πίστις피스티스은 여호와 하나님을 향한, 여호와 하나님의 말씀에 대한 순전한 믿음이어야 한다. 그러므로 기독교의 믿음πίστις피스티스은 욥처럼 한결같이 변함없이 일관되고 순전하게 살아가는 삶이다.

기독교의 믿음πίστις피스티스으로 욥은 부요하여 풍족하고 행복할 때나 예기치 못한 갑작스런 극한 고통과 아픔 가운데서도 변함없이 흔들리지 않고 일관되게 하나님을 향한 순전한 마음을 잃지 않았다. 그렇기에 기독교의 믿음πίστις피스티스은 순전 Consistency이다.

다시 기독교의 믿음πίστις피스티스으로 우리는 순전해야 한다.

다시 믿음πίστις피스티스으로…
다시 성경의 믿음πίστις피스티스으로…
다시 기독교의 믿음πίστις피스티스으로…

9. 성노하다
Holy Angry

믿	음	으	로		예	수	님	은		외	식	하	는
종	교	인	들	을		향	해		욕	을		하	시	고
성	노	하	셨	다	.		그	렇	기	에		믿	음	은
거	룩	한		분	노	이	다	.						

믿음πίστις피스티스으로 예수님은 외식하는 종교인들을 향해 욕을 하시고 성노聖怒[55]하셨다. 그렇기에 믿음πίστις피스티스은 거룩한 분노Holy Angry이다.

"유대인의 유월절이 가까운지라 예수께서 예루살렘으로 올라가셨더니 성전 안에서 소와 양과 비둘기 파는 사람들과 돈 바꾸는 사람들이 앉아 있는 것을 보시고 노끈으로 채찍을 만드사 양이나 소를 다 성전에서 내쫓으시고 돈 바꾸는 사람들의 돈을 쏟으시며 상을 엎으시고 비둘기 파는 사람들에게 이르시되 이것을 여기서 가져가라 내 아버지의 집으로 장사하는 집을 만들지 말라 하시니 제자들이 성경 말씀에 주의 전을 사모하는 열심이 나를 삼키리라 한 것을 기억하더라 이에 유대인들이 대답하여 예수께 말하기를 네가 이런 일을 행하니 무슨 표적을 우리에게 보이겠느냐 예수께서 대답하여 이르시되 너희가 이 성전을 헐라 내가 사흘 동안에 일으키리라 유대인들이 이르되 이 성전은 사십육 년 동안에 지었거늘 네가 삼 일 동안에 일으키겠느냐 하더라 그러나 예수는 성전된 자기 육체를 가리켜 말씀하신 것이라 죽은 자 가운데서 살아나신 후에야 제자들이 이 말씀하신 것을 기억하고 성경과 예수께서 하신 말씀을 믿었더라"

— 요한복음 2:13-22

---

55) 거룩함으로 매우 몹시 성이 남.

"그들이 예루살렘에 들어가니라 예수께서 성전에 들어가사 성전 안에서 매매하는 자들을 내쫓으시며 돈 바꾸는 자들의 상과 비둘기 파는 자들의 의자를 둘러 엎으시며 아무나 물건을 가지고 성전 안으로 지나다님을 허락하지 아니하시고 이에 가르쳐 이르시되 기록된 바 내 집은 만민이 기도하는 집이라 칭함을 받으리라고 하지 아니하였느냐 너희는 강도의 소굴을 만들었도다 하시매 대제사장들과 서기관들이 듣고 예수를 어떻게 죽일까 하고 꾀하니 이는 무리가 다 그의 교훈을 놀랍게 여기므로 그를 두려워함일러라"

— 마가복음 11:15-18

"뱀들아 독사의 새끼들아 너희가 어떻게 지옥의 판결을 피하겠느냐"

— 마태복음 23:33

공생애를 시작하며 분노하시다

예수님 공생애의 첫 표적은 가나 혼인 잔치에서 물을 포도주로 만든 것이다. 예수님 공생애의 첫 가르침은 예루살렘 성전을 뒤집어엎는 것이었다. 예루살렘 성전은 이스라엘 사람들에게는 절대적인 성지聖地[56]이다. 예루살렘 성전이 곧 하나님이었

---

56) 특정 종교에서 신성시하는 장소.

다. 성전을 비방하면 신성모독神聖冒瀆[57] 죄를 적용하여 그 자리에서 돌로 쳐 죽일 수 있었다. 예루살렘 성전은 율법을 파수把守[58]하는 이스라엘의 마지막 보루[59]였다. 율법이 곧 예루살렘 성전이요 예루살렘 성전이 곧 하나님이라 가르치고 믿었던 그 시간이 수 천 년이었다. 매년 이스라엘 모든 백성은 예루살렘 성전에 모여 이스라엘 3대 절기[60]를 지켜왔다. 지금의 예루살렘 성전은 46년 동안 지은 건물로서 모든 이스라엘 사람들의 신앙이요 믿음이요 자존심이었다. 예루살렘 성전은 유대교의 종교 지도자[61]들이 장악하고 있었다. 수 천 년 동안 수많은 사람이 모이고 수많은 물질이 예루살렘 성전에 모였다. 그만큼 지도자들의 숫자도 많아졌다. 사람과 물질이 모인 곳은 시간이 더해지는 곳이면 어느 곳이든 예외 없이 타락하여 썩고 냄새가 나기 마련이다. 예루살렘 성전도 마찬가지였다. 더 많은 재물이 필요했던 성전의 종교 지도자들은 따로 성전세를 걷었고, 물건을 매매하고 장사할 수 없었던 성전에서는 매매와 장사를 할 수 있도록 허용하였고, 매매와 장사하는 사람들에게서 자릿세를 걷었으며, 성전 안에서의 모든 거래는 성전에서 만든 화폐로 환전하게 하여 거래하였고 그로 인해 환전세를 받았으며, 제사로 드리

---

57) 하나님이나 하나님을 위하여 바쳐진 거룩한 것을 말이나 행동으로 욕되게 함.
58) 경계하여 지킴.
59) 지켜야 할 대상을 비유적으로 이르는 말.
60) ① 유월절(무교절) ② 칠칠절(오순절, 맥추절) ③ 초막절(수장절)
61) 제사장, 율법학자, 장로, 서기관, 바리새인, 사두개인 등.

는 제물은 형편에 따라 드리되 반드시 점과 흠이 없는 1년 된 정결한 것들을 직접 가져와 드려야 하는데도 돈만 가져오면 성전 화폐로 환전하여 성전에서 준비한 흠이 있고 저는 정결하지 않은 제물을 성전에서 기도했으니 정결한 것이라 속여 간편하게 드리게 했다. 저들은 돈에 환장한 외식하는 유대교 종교 지도자들이었다. 저들은 가진 것에 만족하지 않았고 가질 수 있는 것에 한계를 두지 않았다. 그렇게 평소 제사를 위해 찾아오는 사람들과 3대 절기를 지키기 위해 예루살렘 성전으로 모여드는 수많은 사람을 통해 막대한 이득을 취하고 있었다. 지금까지 그 누구도 저들의 횡포와 전횡을 지적하지 못했다. 이는 곧 예루살렘 성전을 비방하는 것이며 신성모독 죄가 되어 그 자리에서 돌로 맞아 죽을 수 있기 때문이었다.

　그러나 예수님은 달랐다. 첫 가르침을 위해 예루살렘 성전을 찾았다. 성전에 소와 양과 비둘기파는 사람들과 돈 바꾸는 사람들이 앉아 있는 것을 보시고 노끈으로 채찍을 만드셨다. 그리고 채찍으로 양이나 소를 다 성전에서 내쫓으셨다. 새장을 열어 비둘기를 다 날려 보내셨다. 돈 바꾸는 사람들의 돈을 쏟으시고 그들의 상을 엎으셨다. 성전에서 장사하며 돈 바꾸는 사람들을 향해 아버지의 집으로 장사하는 집을 만들지 말라고 성토하시며 대노大怒하셨다. 예수님의 분노는 함께 했던 제자들도 쉽게 이해할 수 없는 행동이었다. 유대인들과 그들의 종교 지도

자들이 보기에는 미친 짓으로밖에 보이지 않았을 것이다. 미쳐 날뛰고 있는 정신병자의 모습이었을 것이다. 그동안 모든 유대인이 가르침을 받고 믿어 왔던 전통과 율법을 향한 객기요 호기로 보였을 것이다. 저들은 무슨 표적을 보일 것이냐며 예수님께 물었다. 예수님께서는 성전을 헐라고 하셨고 자신이 3일 동안 다시 일으키겠다고 하셨다. 46년 동안에 지어진 이 견고한 예루살렘 성전을 허물라는 것도 신성모독인데 그런 성전을 3일 동안에 다시 일으키겠다는 말은 신성모독을 넘어 정신병자의 헛소리로 들려졌을 것이 분명하다. 그러나 결국은 이로 인해 예수님은 신성모독 죄로 고발당해 십자가형을 받게 되었던 것이다. 그러나 예수님은 본래 성전의 본질에서 벗어나 강도의 소굴을 만들어 자신의 목구멍을 채우고 있는 저들의 외식과 위선으로 가득한 거짓된 모습을 용납할 수 없었다. 종교 지도자들이 자기들만 망하면 되는 것을 모든 백성을 소경으로 만들어 함께 망국에 이르는 것을 차마 용납할 수 없었다. 그러므로 예수님께서는 저들의 잘못된 믿음에 성노하셨던 것이다. 저들의 잘못된 율법에 분노했다. 저들의 왜곡된 신앙에 대노하셨던 것이다.

공생애를 마무리하며 분노하시다

예수님께서는 3년의 공생애 동안 예루살렘 성전을 다른

이유로는 찾는 일은 없으셨다. 공생애를 마무리하시면서 예루살렘으로 들어오셨다. 그리고 또다시 성전을 찾으셨다. 그 이유는 성전에서의 강도짓이 3년 전과 같았기 때문이다. 3년 전 저들의 잘못된 믿음의 행태들을 보며 미친 듯이 분노하며 가르쳤지만, 그 아무것도 변한 것이 없이 예루살렘 성전에서 여전히 똑같이 강도짓을 하는 것을 아셨기 때문이다. 성전에서 매매하고 장사하고 돈을 바꾸고 제물을 속이고 있었다. 예수님은 3년 전과 다를 바 없이 저들의 상과 의자를 둘러 엎으셨고 심지어 물건을 가지고 성전 안으로 아무도 지나다니지 못하게까지 하셨다. 예수님은 분노하시며 만민이 기도하는 내 집인 성전을 강도의 소굴로 만들지 말라고 성토[62]하셨다. 유대의 종교 지도자들은 아직 돈에 눈이 멀어 예수님의 거룩한 분노를 깨닫지 못하고 있었다. 46년 동안 지은 예루살렘 성전을 허물고 3일 만에 다시 새 성전을 짓겠다는 예수님의 가르침을 전혀 깨닫지 못하고 있었다. 예수님이 말씀하신 성전은 46년 동안 벽돌과 나무, 콘크리트로 지어진 건물이 아니라 죽음을 이기시고 3일 만에 다시 살아나신 예수님이라는 것이다. 더 나아가 3일 만에 살아나신 예수님의 부활을 믿는 그리스도인 한 사람 한 사람이 성전이라는 것이다. 기도하는 하나님의 집에서 다시는 강도짓을 하지 말라고 여전히 분노하고 계신 것이다. 3년이 지난 지금 대제사장

---

62) 어떤 잘못에 대해서 신랄하게 비판하여 말함.

들과 서기관들의 마음은 더욱더 강퍅해져 결국 예수를 어떻게 죽일까 모의하는 어리석은 짓을 벌이게 되었고 결국 십자가형으로 예수님을 죽이는 천인공노天人共怒[63]할 악행으로 저지르고 말았던 것이다.

외식하는 종교 지도자들에게 욕하며 분노하시다

예루살렘 성전을 향한 두 번의 반복되는 예수님의 분노에도 유대의 종교 지도자들은 아무것도 개혁하려 하지 않았다. 도리어 바른 것을 가르치는 예수님을 죽이려는 완악함까지 갖게 된 것이다. 예수님만 없으면 자신들의 왕국을 만들 수 있다는 위험하고 무서운 생각을 하는 것이다. 예수님께서는 포기하지 않고 가르치셨다. 예수님은 모세의 자리에 앉아 말만 하고 행하지 않는 저들의 외식[64]에 분노했다. 예수님은 무거운 짐을 사람의 어깨에만 지우고 자기는 한 손가락도 움직이지 않는 저들의 외식에 분노했다. 예수님은 모든 행위를 보이고자 경문 띠[65]를 넓게 하고 옷 술을 길게 하고 잔치의 윗자리와 회당의 높

---

63) 하늘과 사람이 함께 노한다는 뜻으로, 누구나 분노할 만큼 증오스럽거나 도저히 용납할 수 없음을 이르는 말.
64) 진실되지 않은 마음 상태를 뜻하는 말. 외식자. 위선자. 꿈의 해석자, 매우 젠체함. 이중성.
65) 기도할 때 이마나 팔에 매달았던 송아지 가죽으로 만든 입방체 모양의 갑.

은 자리와 시장에서 문안받는 것과 사람에게 랍비[66]라 칭함을 받는 것을 좋아하는 저들의 외식에 분노했다. 예수님은 천국 문을 사람들 앞에서 닫고 자신들도 들어가지 않고 들어가려 하는 자도 들어가지 못하게 하는 저들의 외식에 분노했다. 예수님은 교인 한 사람을 얻기 위해 바다와 육지를 두루 다니다가 생기면 저들보다 더 지옥 자식이 되게 하는 저들의 외식에 분노했다. 예수님은 누구든지 성전으로 맹세하면 아무 일 없거니와 성전의 금으로 맹세하면 반드시 지키라며 돈에 눈이 멀어버린 저들의 외식에 분노했다. 예수님은 박하[67]와 회향[68]과 근채[69]의 십일조는 드리되 율법의 더 중요한 정의와 긍휼과 믿음은 버려버린 저들의 외식에 분노했다. 예수님은 잔과 대접의 겉은 깨끗이 하되 그 안에는 탐욕과 방탕으로 가득한 저들의 외식에 분노했다. 예수님은 겉으로는 아름답게 보이는 회칠한 무덤 안에 죽은 사람의 뼈와 모든 더러운 것으로 가득한 것처럼 겉으로는 사람에게 옳게 보이나 안으로는 외식과 불법이 가득한 저들에게 분노했다. 예수님은 겉으로는 선지자들의 무덤을 만들고 비석을 꾸미되 안으로는 선지자들의 피 흘림에 참여하지 않겠다 하며 선지자들의 순교를 비웃고 조롱하는 저들의 외식과 불법에 분노했

---

66) 이스라엘에서 율법사 혹은 학식 많은 교사를 높여 부르는 말.
67) 음식을 향기롭게 만드는 아주 작은 풀로 약재로 사용함.
68) 미나릿과의 일년생풀로 향기가 나며 열매는 약재 및 조미료로 사용함.
69) 일년생 초본 식물로 열매는 자극성의 매운맛을 가지고 있어 조미료, 향료, 약재로 사용함.

다. 돌이키지 않는 저들을 향해 "뱀들아 독사의 새끼들아" 욕을 퍼부으시며 너희가 어떻게 지옥의 판결을 피하겠느냐는 저주까지 퍼부으시며 분노하셨다. 바꾸지 않으면 돌이키지 않으면 큰화가 미친다고 하는 예수님의 피를 토하는 가르침에도 저들은 깨닫지 못하였다. 선지자 이사야도 하나님의 말씀보다 장로들의 전통을 우선하여 가르치는 이런 외식하는 자들에 대하여 분명히 예언하였다. 저들은 사람의 계명으로 교훈을 삼아 가르쳐 하나님을 헛되이 경배하게 하며, 입술로는 하나님을 공경하게 하고 마음은 하나님에게서 멀어지게 만든다고 하였다. 선지자 이사야도 유대교 종교 지도자들이 자신도 외식으로 살아가지만, 많은 사람을 외식으로 살아가도록 가르치는 믿음의 왜곡과 변질을 이미 예견했던 것이다. 이렇게 외식과 불법이 가득한 저들을 향해 예수님은 분노하셨고, 대노하셨고, 성노하셨다.

거룩한 분노 *Holy Angry*

죄는 불신의 죄와 외식의 죄가 있다. 성령의 세대를 사는 지금의 불신을 향한 하나님 아버지의 마음은 은혜와 긍휼로 불쌍히 여기시며 기다리고 계신다. 우리는 예수님께서 분노하신 것처럼 분노해야 하는 믿음을 가져야 한다. 외식과 위선에 거룩한 분노를 해야 한다. 말씀을 왜곡하는 가르침에 거룩한 분노를 해야 한다. 미혹하는 거짓된 가르침에 거룩한 분노를 해야 한다. 믿음은 하나님이 싫어하는 것을 미워하는 것이다. 목숨을 걸고 미워해야 한다. 하나님께서는 모든 죄인을 사랑하시지만 외식하는 자들을 향해서는 분노하신다. 외식하는 자들을 몹시 미워하신다. 우리도 분노해야 한다. 미워해야 한다. 외식하는 종교인들을 분노해야 한다. 외식하는 종교 지도자들을 향해 거룩한 분노를 내야 한다. 기독교의 믿음πίστις피스티스은 결코 외식하는 자들을 용납하지 않는 것이다. 그리스도인은 욕하고 분노하는 일은 없어야 하지만 외식하는 자들에게는 욕하고 분노해야 한다. 그러므로 기독교의 믿음πίστις피스티스은 예수님처럼 외식하는 종교인들을 향해 욕하고 매우 몹시 분노하고 대노하고 성노하는 삶이다.

기독교의 믿음πίστις피스티스으로 예수님은 외식하는 종교인들을 향해 욕을 하시고 성노聖怒하셨다. 그렇기에 기독교의 믿음πίστις피스티스은 거룩한 분노Holy Angry이다.

다시 기독교의 믿음πίστις피스티스으로 우리는 성노聖怒해야 한다.

다시 믿음πίστις피스티스으로…

다시 성경의 믿음πίστις피스티스으로…

다시 기독교의 믿음πίστις피스티스으로…

10. 친절하다
Kind

믿	음	으	로		가	버	나	움	의		백	부	장
은		돌	보	지		않	아	도		될		하	인	의
중	풍	병	을		위	해		수	고	를		아	끼	지
않	는		친	절	을		베	풀	었	다	.		그	렇
기	에		믿	음	은		친	절	이	다	.			

믿음πίστις피스티스으로 가버나움의 백부장은 돌보지 않아도 될 하인의 중풍병을 위해 수고를 아끼지 않는 친절을 베풀었다. 그렇기에 믿음πίστις피스티스은 친절Kind이다.

> "예수께서 가버나움에 들어가시니 한 백부장이 나아와 간구하여 이르되 주여 내 하인이 중풍병으로 집에 누워 몹시 괴로워하나이다 이르시되 내가 가서 고쳐 주리라 백부장이 대답하여 이르되 주여 내 집에 들어오심을 나는 감당하지 못하겠사오니 다만 말씀으로만 하옵소서 그러면 내 하인이 낫겠사옵나이다 나도 남의 수하에 있는 사람이요 내 아래에도 군사가 있으니 이더러 가라 하면 가고 저더러 오라 하면 오고 내 종더러 이것을 하라 하면 하나이다 예수께서 들으시고 놀랍게 여겨 따르는 자들에게 이르시되 내가 진실로 너희에게 이르노니 이스라엘 중 아무에게서도 이만한 믿음을 보지 못하였노라 또 너희에게 이르노니 동서로부터 많은 사람이 이르러 아브라함과 이삭과 야곱과 함께 천국에 앉으려니와 그 나라의 본 자손들은 바깥 어두운 데 쫓겨나 거기서 울며 이를 갈게 되리라 예수께서 백부장에게 이르시되 가라 네 믿은 대로 될지어다 하시니 그 즉시 하인이 나으니라"

> — 마태복음 8:5-13

백부장

이스라엘은 로마의 지배 아래 있었다. 로마에서 왕을 지명하여 보냈고, 로마의 군대가 주둔하였으며, 세금의 상당 부분은 로마로 바쳐야 했다. 정복 국가에 대한 로마의 통치는 군사통치였다. 분봉왕은 이스라엘 출신을 세워 백성들의 환심을 사고 실제로는 로마에서 파견한 총독이 군사력을 가지고 이스라엘을 다스리게 했다. 당시 헤롯은 로마가 임명한 이스라엘 출신의 분봉왕이었고 빌라도는 로마에서 파견한 실세 중 실세인 로마 총독이었다. 빌라도에게는 군대 지휘권이 있었고 사형권을 집행할 권리가 있었다. 그러기에 이스라엘 중에 로마의 군대 지휘관들은 이스라엘 분봉왕[70]에 비할 수 없는 권력과 힘의 위세를 갖고 있었다. 로마 군대의 지휘관은 군대 규모에 따라 나뉘었다. 10명의 군사를 거느리는 지휘관은 십부장, 100명의 군사를 거느리는 지휘관은 백부장, 1,000명의 군사를 거느리는 지휘관은 천부장으로 불리었다. 우리나라의 중대장, 대대장, 여단장, 사단장과 비슷한 모습이다. 로마의 백부장은 100명의 군사를 지휘하는 지휘관으로 권력과 존경을 받은 사회적 엘리트였다. 특히 정복 국가에서의 백부장의 위세는 사람들의 생사여탈권生死與奪權[71]

---

70) 한 나라를 넷으로 나누어 그 하나를 통치하는 사람을 이르던 말. 로마인들은 분할된 한 왕국의 지배자나 혹은 왕에 버금가는 주권자를 이렇게 불렀다.

71) 사람의 목숨을 죽이고 살릴 수 있는 권리.

까지 영향력을 미치는 힘을 가졌다. 백부장에게는 100명의 군사 외에 정복 국가의 백성들을 하인으로 삼을 수 있는 특권도 있었다. 집안의 모든 일을 하인들에게 맡기며 그 하인들은 주인인 백부장에게는 물건의 하나로 여기면 되는 노예들이었다. 하인들의 생사여탈권이 주인인 백부장에게 있기에 백부장을 향한 하인들의 복종은 생명을 위한 처절한 몸부림이기도 했다. 백부장은 로마의 군대 지휘관이다. 하인들은 정복 국가의 백성들이다. 백부장이 하인을 선택할 때는 건강하고 아름다운 사람들을 선택했었고 선택한 하인 중 병들어 나약한 하인들은 언제든 버리면 된다. 하인은 백부장의 재산이기에 언제나 물건처럼 처분하면 되는 것이다. 로마 지휘관 집에서 일하는 이스라엘 하인들은 전쟁의 전리품 중 하나로 여기면 되었다. 다시 말해 전쟁 노예라고 생각하면 되는 것이다. 그렇기에 백부장에게 있어 하인들의 생명 존엄성은 집에서 기르는 동물이나 짐승 수준으로 생각해도 무방했다.

가버나움에서 만난 백부장

예수님께서 가버나움에 들어가셨다. 한 백부장이 예수님 앞에 나타났다. 예수님의 이동은 특별히 계획된 것이 아니었기에 사람을 통해 소식을 듣지 못하면 몇 날이고 예수님을 기다려야 한다. 백부장은 예수님의 소문을 듣고 있었다. 사람들을 통해 예수님께서 병든 자를 고치고 마음이 상한 자를 치유하며 하나님의 말씀을 가르치는 소식을 들었다. 백부장은 예수님을 기다렸다. 가버나움에 예수님이 오시기를 간절히 기도하며 기다렸다. 백부장은 예수님이 가버나움에 들어오시자 기다렸다는 듯이 예수님 앞에 나아간 것이다. 로마의 군대 지휘관 백부장이 무슨 이유에서 예수님을 기다렸을까. 군사를 통해 명령하여 예수님을 강제로 잡아들여도 되는 힘을 갖고 있는데 무슨 이유로 그렇게 애타게 예수님을 기다리고 있었을까. 그 이유는 자신의 집에 중풍병[72]으로 몹시 괴로워하는 하인 하나 때문이었다. 참으로 이해할 수 없는 일이다. 백부장이라면 하인이 아프면 내다 버리면 된다. 버리고 건강한 하인을 다시 고르면 된다. 하인이 몹시 괴로워하고 있는 것을 잘 알고 있는 것을 보면 지금까지 지극 정성으로 그 하인을 병간호했다는 뜻도 된다. 하인의 중풍병의 고통에 함께했다는 것이고 이를 치료하기 위해 무척 애썼다는 것이다. 그렇게 고통받는 하인을 살리기 위해 많은 방법을 써 봤다는 것이다. 수많은 방법을 해 봐도 낫지 않기에 더욱 간절했다. 그러던 중에 중풍병자를 고치신 예수님의 소식을 들었다. 그래서 그렇게 기도하고 기다리고 있었던 것이며 가버나움

---

72) 뇌혈관의 장애로 갑자기 정신을 잃고 넘어져서 구안괘사, 반신불수, 언어 장애 따위의 후유증을 남기는 병.

을 들어오시자마자 예수님께 달려갔던 것이다. 이해할 수 없는 일은 또 있다. 백부장이라면 시키면 되는 것이다. 다른 하인을 시키든 수하 군사를 시키든 아랫사람을 보내어 예수님을 집으로 데려오면 되는 것이다. 로마 군대 지휘관 백부장의 명령을 따르지 않을 이스라엘 백성들은 하나도 없기 때문이다. 그런데 백부장은 본인이 직접 예수님께 갔던 것이다. 온다는 소식에 사람들보다 먼저 예수님께로 직접 나갔던 것이다. 물건처럼 버리면 될 하인 하나 살려보겠다고 백부장의 신분으로 직접 예수님께 달려갔던 것이다. 하인을 살리고자 하는 마음이 얼마나 간절했으면 본인의 신분을 망각한 채 그렇게 본인이 직접 저렇게 설레발을 칠 수 있을까. 하인 하나를 향한 백부장의 마음은 무엇일까. 이해할 수 없는 이유는 또 있다. 백부장의 기다림이 하루 이틀이 아니라는 것이다. 지금처럼 핸드폰을 가지고 쉽게 연락을 할 수 없는 시대이다. 사람들을 보내어도 몇 날 아니 몇 달이 걸릴 수 있다. 또한, 예수님이 어디에 계시는 줄 알 수도 없지만 안다 한들 예수님을 모시기가 그리 쉽지가 않은 상황일 것이다. 기다리는 방법밖에 없었다. 예수님이 가버나움을 찾기를 기다리는 방법밖에는 달리 방법이 없었다. 제발 이곳 가버나움으로 발길을 돌리기를 기도해야 한다. 자신의 명령에 백 명의 군사들을 움직일 수 있는 백부장이 몇 날 며칠을 기다리고 있었다는 것이다. 백부장은 기다림 속에 얼마나 기도를 했을 것인가. 무엇 때문에 백부장은 그토록 기다리며 기도했을까. 죽어도 상관없는 하인 하나 때문이었다. 버려도 상관없는 중풍병 걸린 하인 하나 때문이었다. 중풍병 걸린 하인 하나 고쳐서 살려보겠다고 버리면 될 것을 시키면 될 것을 안 오면 말 것을 그토록 간절하게 예수님을 기다리고 있었다.

백부장에게는 믿음이 있었다. 백부장에게는 인자仁慈가 있었다. 백부장에게는 친절이 있었다. 평소에 백부장의 신분으로 하인들을 대할 때 친절함으로 대한 것이다. 믿음이 있었기에 인자한 마음으로 친절을 베풀었다. 백부장의 친절은 무릇 중풍병 걸린 하인 하나에게만 향하지 않았을 것이다. 백부장의 집에서 일하는 모든 하인과 수하에 있는 모든 군인에게 향한 것이다. 백부장에게는 사람을 귀하게 여기는 마음이 있었다. 인자한 마음이 있었다. 그 인자한 마음이 사람들을 향한 친절로 나타난 것이다. 백부장의 사람을 귀하게 여기는 인자한 친절은 어디서 나온 것일까. 분명 백부장은 예수님을 믿는 사람이었다. 예수님의 소문은 이스라엘 전역에 퍼져 있었다. 이스라엘 백성뿐 아니라 종교 지도자들, 고관대작의 귀부인, 로마 병사들과 그 지휘관들까지 예수님을 믿는 사람들은 한둘이 아니었다. 이미 들려진 예수님의 소문으로도 백부장은 예수님을 마음으로 믿어 자신의 주인으로 영접했다. 예수님을 믿음으로 만난 백부장은 자신이 받은 예수님의 인자함을 다른 사람들을 귀하게 여기는 친절로 흘려보내는 삶을 살았다. 인자한 예수님을 만난 백부장은 하인들과 군사들, 만나는 모든 사람에게 예수님의 인자하심으로 더한 친절을 베풀었다. 한 사람 한 사람을 귀하게 여겼다. 그렇기에 중풍병으로 몹시 괴로워하는 하인을 위해 수고하고 애쓰며 고쳐주고자 백방으로 직접 뛰어다니는 더한 친절을 베풀 수 있었다.

백부장의 믿음의 진수는 여기서 끝나지 않는다. 하인을 향한 백부장의 마음을 아셨는지 예수님은 백부장의 부탁을 흔쾌히 허락하시고 고쳐주시겠다고 하셨다. 그리고 중풍병에 걸려 누워 있는 하인이 있는 곳으로 가고자 하셨다. 이때 백부장은 누구도 할 수 없고 쉽게 이해할 수 없는 모습을 보인다. 예수님도 놀란 모습이다. 백부장은 예수님의 행보를 가로막았다. 자신의 집에 예수님이 들어오심을 감당하지 못하겠다는 것이다. 다만 여기에서 말씀으로만 하셔도 자신의 하인이 나을 수 있다는 백부장의 확신에 찬 말 앞에 예수님도 발걸음을 멈추어 백부장의 말을 경청할 수밖에 없었다. 자신도 남의 수하에 있는 사람이요 자기 아래에도 군사가 있으니 이더러 가라 하면 가고 저더러 오라 하면 오고 자기 종더러 이것을 하라 하면 한다는 것이었다. 그러기에 감히 자신이 예수님을 이리 오라 저리 가라 할 수 없다는 것이었다. 오고 가는 것은 자신이 하면 되는 것이고 예수님께서는 말씀만 해 주시면 충분히 자신의 하인이 나을 수 있다는 믿음을 갖고 있었다. 예수님께서는 백부장의 말을 들으시고 너무

놀라셨다. 그는 자신이 한 번도 만나지 못한 로마 군대 지휘관 백부장이요 그는 이방인이요 이스라엘 사람들을 노예로 삼는 정복자요 힘없는 백성들을 창칼로 착취하여 자유를 억압하고 생명을 짓밟는 세상의 권력자 중의 한 사람이었기 때문이다. 백부장은 지금까지 예수님과 눈 한 번 마주친 적도 없으며 예수님 손 한 번 잡아본 적도 없으며 예수님의 뜨거운 사랑을 온몸으로 체험한 적도 없는 사람이다. 백부장은 세례 요한에게 회개의 세례를 받은 적도 없으며 예수님에게 성령의 세례를 받은 적도 없는 사람이다. 백부장은 오로지 사람들의 소문에 의해 예수님의 행적을 들으며 마음으로 영으로 이미 예수님을 믿고 있는 그리스도인이었다. 예수님을 향한 믿음이 얼마나 대단했길래 처음 만난 예수님도 그저 놀라셔서 따르는 제자들과 함께하는 모든 사람에게 이스라엘 중 아무에게서도 이만한 믿음을 보지 못했노라는 최고의 칭찬을 하고 계실까. 백부장은 로마의 군대 지휘관으로 이방인이다. 예수님께서는 지금까지 이스라엘 사람 중에서 이만한 믿음을 만나지 못하셨다. 늘 함께하는 제자 중에도 이만한 믿음을 가진 자는 없었다. 이렇게 동서로부터 많은 이방인은 믿음으로 천국에 앉으려니와 이스라엘의 본 자손들은 바깥 어두운 데 쫓겨나 거기서 울며 이를 갈게 되리라는 예언까지 백부장으로 인해서 하게 되신 것이다. 이는 왜곡되고 변질된 믿음으로 교회당 안에 있는 사람들은 지옥으로 가고 올바른 기독교의 믿음πίστις피스티스으로 교회당 밖에 있는 사람들은 천국으

로 간다는 무서운 말씀이기도 하는 것이다. 예수님께서는 백부
장에게 가라고 하셨다. 그리고 백부장이 믿고 있는 그대로 되리
라 말씀하셨다. 예수님과 백부장이 함께 있는 그 현장에서 멀리
떨어져 있는 백부장의 하인의 중풍병을 그 즉시에 낫게 하는 역
사가 일어났다. 오직 백부장의 믿음으로 하인이 낫게 된 것이다.
오직 백부장으로 살아온 인자하고 친절한 삶이 믿음이 되어 중
풍병인 하인을 낫게 한 것이다.

헤세드 חסד

백부장은 예수님이 말씀하시면 하인의 중풍병이 낫는다
는 것을 절대로 의심하지 않았다, 백부장은 이미 예수님을 믿고
있기 때문이다. 예수님을 믿는 백부장은 예수님의 친절을 닮아
일상의 모든 사람이 이해할 수 없는 친절을 백부장으로서 자신
의 집안의 노예와 군인들에게 베풀고 살았다. 예수님을 향한 백
부장의 믿음은 그리하지 않아도 될 자기 집안의 하인에게 친절
로 분명하게 보여주었다. 누군가에게 보이기 위한 눈가림을 위
한 일회성의 친절이 아니라 예수님으로부터 받은 마르지 않는
은혜의 샘물처럼 주님께 하듯 지극히 작은 자 하나에게 최상의
친절로 주님의 인자하심을 실천하는 일상의 삶을 살았다. 예수
님을 진심으로 사랑하는 백부장의 믿음은 어디까지일까. 우리

는 윗사람과 지위가 높고 재물이 많고 권력을 가진 자들에게는 으레 임의로 어찌할 수 없어 예의를 갖추고 친절을 베풀 수 있다. 이는 누구나 할 수 있는 친절이다. 그러나 아랫사람이나 가난한 사람이나 부하 직원이나 별 볼 일 없는 사람이나 못 배운 사람이나 천한 사람이나 사회적 약자처럼 지극히 작은 자들에게 친절을 베풀 수 있는 것은 결코 쉬운 일이 아니다. 더군다나 일상의 평범한 삶 속에서 늘 친절을 베풀며 사는 것은 아무나 할 수 없는 일일 것이다. 백부장은 일상의 삶 속에서 아무나 할 수 없는 친절을 베풀며 살았다. 이방인의 신분으로 로마 군대 지휘관의 신분으로 하인들에게 친절을 베풀고 살았다. 백부장의 친절은 예수님을 향한 믿음에 닿아 있었다. 지극히 작은 자 하나를 예수님 대하듯 대한 것이 바로 백부장의 친절의 근원이었다. 이방인인 자신을 귀하게 여겨 주시는 예수님처럼 자신도 모든 사람을 귀하게 여기는 마음이 바로 백부장의 친절의 근원이었다. 백부장의 믿음은 예수님의 인자한 친절을 닮았다. 백부장은 하나님의 인자仁慈함 헤세드חסד를 닮은 믿음의 사람이었다. 하나님의 헤세드חסד는 사람을 귀하게 여기는 것이다. 하나님의 헤세드חסד는 친절親切[73]이다.

---

73) 대하는 태도가 매우 정겹고 고분고분함.

하나님이 싫어하는 사람

　새벽예배를 빠지지 않고 매일 큐티를 하고 주일 성수와 십일조를 목숨처럼 지키는 사람이 있다. 돈이 되는 관계라면 물불을 가리지 않고 굽신거리고 이득이 되는 것이라면 자신의 권력을 이용하여 아랫사람들을 동원하여 상대방의 비위를 맞추며 성경 말씀을 자기 마음대로 적용하여 감사라는 이름으로 영향력이 있는 사람들에게 청탁하고 뇌물을 바치는 그런 사람이 있다. 아랫사람들을 함부로 하는 것은 일도 아니고 자신의 노예처럼 교묘하게 부려 먹으며 개인의 인격과 신앙을 자기 기분대로 판단하고 정죄하며 보이는 곳에서는 웃으면서 보이지 않는 곳에서는 험담하고 비난하는 사람이 있다. 윗사람에게는 과도한 친절로 과시하고 위장하여 위선을 떠는 것이 너무나 자연스러우며 아랫사람에게는 비웃고 조롱하는 마음으로 가벼이 함부로 여기는 불친절이 몸에 밴 사람이 있다. 이 모든 것을 행하는 사람은 한 사람이다. 자신 스스로 좋은 믿음을 가진 사람이라고 하는 부자이며 정사와 권세를 가진 권력자이다. 그는 지극히 작은 자 하나를 하찮게 여기는 사람이다. 지극히 작은 자 하나를 사람으로 대하지 않는 사람이다. 지극히 작은 자 하나를 자신의 물건처럼 이용하는 사람이다. 지극히 작은 자 하나를 자기 돈벌이로 생각하는 사람이다. 지극히 작은 자 하나를 자신의 목적을 위해 늘 희생시키는 사람이다. 지극히 작은 자 하나를 자신의 위세를 과시하는 도구로 이용하는 사람이다. 지극히 작은 자 하나에게 생각나는 대로 함부로 말하는 사람이다. 지극히 작은 자 하나에게 감정의 살인 인격의 살인 신앙의 살인을 서슴없이 저지르는 사람이다. 지극히 작은 자 하나를 향한 존중과 친절은 찾아볼 수 없는 사람이다. 지극히 작은 자 하나를 앞에서는 친절하고 뒤에서는 함부로 하며 이중인격의 두 얼굴로 가지고 노는 사람이다. 왜곡되고 변질된 믿음을 가진 자들이 교회 안에서 하나님의 성품을 닮지 않고 자신의 성품대로 살아가고 있다. 많은 사람이 저들의 가식적이고 위선적인 모습에 실족하여 실망한다. 하나님을 경외하는 것을 잊어버리고 하나님 무서운 줄 모르고 하나님의 자리와 하나님 말씀의 자리에 앉아 하나님과 그분의 말씀을 이용하여 하나님의 성품과는 거리가 먼 잘못된 믿음의 모습으로 수많은 사람을 미혹하여 공멸시키고 있다. 이런 사람들은 하나님이 가장 싫어하는 사람들이다. 성령을 훼방하는 사람들이다. 지옥의 판결을 피할 수 없는 뱀들이며 독사의 새끼들이다.

친절 *Kind*

기독교의 믿음πίστις피스티스은 하나님의 성품을 닮는 것이다. 하나님을 믿는다는 것은 하나님의 성품을 닮는 것이다.

하나님의 사랑을 닮는 것이다. 하나님의 인자를 닮는 것이다. 하나님의 긍휼을 닮는 것이다. 하나님의 자비를 닮는 것이다. 하나님의 친절을 닮는 것이다. 시편 기자는 하나님의 선하심과 인자하심을 반복하여 노래하고 있다. 히브리어로 인자는 헤세드ㄱ이다. 헤세드ㄱ는 하나님의 긍휼, 하나님의 자비, 하나님의 친절의 뜻을 내포하고 있다. 하나님의 속성 중 사람들이 닮아갈 수 있는 가장 가까운 성품이 인자인데 인자의 실천은 바로 친절이다. 하나님의 친절은 사람들이 충분히 닮아갈 수 있는 하나님의 성품 중의 하나이다. 그렇기에 하나님을 믿는 것은 사람에게 가장 가까운 하나님의 친절을 닮아가는 것을 의미한다. 주님을 대하듯 사람을 대하는 태도가 친절이다. 사람을 귀하게 여기는 태도가 친절이다. 주님을 함부로 대하는 사람은 사람을 함부로 대할 수밖에 없다. 주님에게 친절하지 않은 사람은 사람에게도 친절할 수 없다. 교회에서는 친절하지만, 세상에서 친절하지 않은 사람이 있다. 윗사람에게는 친절한데 아랫사람에게는 친절하지 않은 사람이 있다. 목사에게는 친절한데 성도들에게는 친절하지 않은 사람들이 있다. 가족들에게는 친절한데 다른 사람들에게는 친절하지 않은 사람들이 있다. 이 모든 자는 하나님의 친절이 없는 사람들이다. 단지 인간의 어리석고 위선 된 친절일 뿐이다. 이는 결국 하나님을 믿지 않는 사람들이다. 하나님을 믿는다고 하지만 왜곡되고 변질된 자기 믿음으로 믿는 사람들이다. 기독교의 믿음πίστις피스티스은 하나님의 성품을 닮아가는 것이다. 기독교의 믿음πίστις피스티스은 하나님의 인자한 긍휼을 닮아가는 것이다. 기독교의 믿음πίστις피스티스은 하나님의 인자한 친절을 닮아가는 것이다. 하나님의 성품을 닮아가지 않는 믿음은 기독교의 믿음πίστις피스티스이 될 수 없다. 하나님의 성품을 닮아가는 성화聖化[74]의 삶을 살아가지 않는 것은 기독교의 믿음πίστις피스티스이 결코 아니다. 기독교의 믿음πίστις피스티스의 시작은 작은 친절을 통해 하나님의 성품을 하나하나 닮아가는 성화의 삶인 것을 결코 잊어서는 안 된다. 기독교의 믿음πίστις피스티스의 시작은 함께하는 사람들을 진심으로 하나님의 인자한 친절로 귀하게 대하는 것이다. 백부장이 하인을 예수님의 인자한 친절로 귀하게 대하듯 예수님의 친절을 닮아가는 성화의 삶을 한 걸음씩 살아가야 한다. 그러므로 기독교의 믿음πίστις피스티스은 백부장처럼 지극히 작은 자 하나를 예수님처럼 귀하게 친절하게 대하는 삶이다.

기독교의 믿음πίστις피스티스으로 가버나움의 백부장은 돌보지 않아도 될 하인의 중풍병을 위해 수고를 아끼지 않는 친절을 베풀었다. 그렇기에 기독교의 믿음πίστις피스티스은 친절Kind이다.

---

74) 하나님의 은총으로 의롭게 된 사람이 성령으로 신성한 인격을 완성해 가는 과정.

다시 기독교의 믿음πίστις피스티스으로 우리는 친절해야 한다.

다시 믿음πίστις피스티스으로…

다시 성경의 믿음πίστις피스티스으로…

다시 기독교의 믿음πίστις피스티스으로…

11. 끈기하다

Patience

	믿	음	으	로		혈	루	증		앓	은		여	인
은		1	2	년	의		긴		시	간	동	안		끈
기	를		가	지	고		낫	고	자		하	는		소
망	을		잃	지		않	았	다	.		그	렇	기	에
믿	음	은		끈	기	이	다	.						

믿음πίστις피스티스으로 혈루증 앓은 여인은 12년의 긴 시간 동안 끈기를 가지고 낫고자 하는 소망을 잃지 않았다. 그렇기에 믿음πίστις피스티스은 끈기Patience이다.

"열두 해를 혈루증으로 앓아 온 한 여자가 있어 많은 의사에게 많은 괴로움을 받았고 가진 것도 다 허비하였으되 아무 효험이 없고 도리어 더 중하여졌던 차에 예수의 소문을 듣고 무리 가운데 끼어 뒤로 와서 그의 옷에 손을 대니 이는 내가 그의 옷에만 손을 대어도 구원을 받으리라 생각함일러라 이에 그의 혈루 근원이 곧 마르매 병이 나은 줄을 몸에 깨달으니라 예수께서 그 능력이 자기에게서 나간 줄을 곧 스스로 아시고 무리 가운데서 돌이켜 말씀하시되 누가 내 옷에 손을 대었느냐 하시니 제자들이 여짜오되 무리가 에워싸 미는 것을 보시며 누가 내게 손을 대었느냐 물으시나이까 하되 예수께서 이 일 행한 여자를 보려고 둘러 보시니 여자가 자기에게 이루어진 일을 알고 두려워하여 떨며 와서 그 앞에 엎드려 모든 사실을 여쭈니 예수께서 이르시되 딸아 네 믿음이 너를 구원하였으니 평안히 가라 네 병에서 놓여 건강할지어다"

— 마가복음 5:25-34

혈루증

혈루증은 피의 유출이란 뜻으로 보통 월경[75]과 관계없이 자궁에서 불규칙적으로 피를 흘리는 만성자궁출혈병을 말한다. 또 하나는 한 번 하혈하면 멈추지 않고 출혈이 지속하는 부인병을 말하기도 한다. 보통 건강한 여인은 월경 때에만 피가 나오게 되는데 혈루증은 월경과 무관하게 불규칙하게 출혈을 한다. 현대 의학에서는 자궁근종[76]이나 다낭성난소증후군[77]이었을 가능성이 많다고 본다. 레위기 정결 규례에 의하면 혈루증은 월경하는 여인의 부정함과 동일하게 부정한 것으로 간주하였다. 정상적인 월경을 하는 여인들이 7일 동안 따랐던 레위기의 정결 규정은 이러했다. 사람들과의 접촉이 금지되었고, 여인이 앉았던 자리에 손을 대는 것도 부정하게 여겨졌고, 여인이 앉은 자리를 만지는 자는 다 그들의 옷을 빨았고 물로 몸을 씻었으며

---

75) 성숙한 여성의 자궁에서 주기적으로 출혈하는 생리 현상. 임신하지 않는 경우 황체(黃體)에서 호르몬 분비가 감소하기 때문에 자궁 속막이 벗겨져서 일어난다. 보통 12~17세에 시작하여 50세 전후까지 계속되는데 임신 중이나 수유기를 빼놓고는 평균 28일의 간격을 두고 3~7일간 지속된다.

76) 자궁 근층에 양성적인 평활근의 과다형성으로 인해 발생하는 질병이다. 자궁의 민무늬근에서 생기는 양성 종양이다. 난소 기능과 밀접한 관련이 있다. 자궁 출혈, 동통, 빈혈, 현기증, 인접 장기의 압박감 등의 증상이 나타난다. 자궁에서 보여지는 가장 흔한 양성적 종양이다.

77) 정상적인 여성은 성호르몬의 변동으로 인해 월경 및 배란기를 겪게 되지만 다낭성 난소 증후군 환자는 이러한 성호르몬 수치에 변동이 보이지 않고 일정하게 보이면서 무배란증과 불임이 발생한다. 특히 무배란증으로 인해 황체가 만들어지지 않아 프로게스테론 호르몬의 생성 저하가 발생하게 되고 무저항성 여성호르몬이 보이게 되는데 이로 인해 자궁내막이 과다 형성되면서 비규칙적인 질내혈 및 기능성 자궁출혈이 발생한다.

저녁까지 부정하게 여겨졌다. 그렇다면 월경의 증상이 한 달, 6개월, 1년 이상이 지속하였을 때의 정결 규정은 어땠을까. 혈루증을 앓고 있는 여인은 낫지 않는 이상 기약 없이 부정한 자로 정죄되어 여자로서의 수치스러움과 사람으로서의 존재적 박탈감을 오롯이 홀로 감당해야 했다. 그때 당시 불치의 병으로 여겨진 혈루증은 여인에게는 사형 선고나 마찬가지였을 것이다.

열두 해

정상적인 월경일 경우 7일간의 격리는 여인들에게 도움이 되어 감내할 수 있는 시간이었다. 하지만 그런 출혈이 한 달, 6개월, 1년 이상 지속한다면 이야기는 달라진다. 모든 일상의 삶은 깨어지고 말 것이다. 육체적, 정신적, 영혼까지 다 무너져 버리기에 충분한 시간이 될 것이다. 그러나 오늘 성경에 기록된 여인은 한 달, 6개월, 1년도 아닌 무려 12년 동안 혈루증을 앓았다. 자신을 포기하고도 남는 시간이다. 자신의 전 인생을 포기하고도 남는 시간이다. 한 해 두 해 시간이 마치 출구가 없는 동굴 속으로 들어가고 있는 느낌이었을 것이다. 암흑으로 가득한 자신만의 동굴에서 생명을 단축하며 살았을 것이다. 육체적으로도 만신창이가 되었을 것이다. 출혈이 계속되면 힘과 기운이 빠져 정상적인 생활을 할 수 없는 무기력한 몸뚱이가 되었을 것이다. 물이 귀한 가나안에서는 제대로 씻지도 못해 온몸이 역한 피 비린 냄새로 매일을 살아야 했을 것이다. 생리대가 없는 그 시대에 매일 흘러내리는 피를 처리하기 버거운 비참한 나날을 보냈을 것이다. 희망을 잃지 않고 병을 고쳐보려고 수많은 의원과 심지어 무당에게까지 자신의 치부를 드러내고 참아야 하는 수치를 감내해야 했을 것이다. 낫고자 하는 마음에 가진 재산을 다 내놓아야 했고 부족한 치료비를 벌기 위해 병을 숨기면서까지 일해야 했을 것이다. 이보다 여인을 더욱더 힘들게 했던 것은 사람들에게 버려진 것이었다. 종교적 규정으로 인해 부정하게 여겨져 세상과 격리가 되었고 가족으로부터 격리가 되었고 친구로부터 격리가 되었고 동료로부터 격리가 되었고 연인으로부터 격리가 되었고 교회로부터 격리가 되어 실상 사회로부터 완전 격리가 되었다. 여인이 몸과 마음, 영으로 감당해야 하는 외로움과 절망은 가히 설명할 수 없었을 것이다. 자신을 향해 부정한 자, 실패한 자, 버림받은 자, 저주받은 자, 쓸모없는 자라는 세상의 손가락질을 뒤로한 채 그녀는 12년을 버텨온 것이다. 목숨을 포기하기에도 충분한 시간이었다. 여인의 12년의 세월은 어떤 의미일까. 혈루증으로 보낸 12년의 세월은 여인에게 어떤 의미일까. 무엇이 그녀를 12년 동안 버티게 했을까. 짓밟아도 뿌리 뻗는 생명력, 비바람에도 피어나는 생명력을 어찌 붙잡았을까. 무엇이 그 끈질긴 생명을 놓지 않게 했을까. 그 여인은 오늘도 포기하지 않고 끈질기게 낫고자 하고 있다. 12년 동안 터득한 끈기를 가지고 오늘도 살고자 몸서리치게 끈기의 한 페이지를 써가고 있다.

옷에만 손을 대어도

예수님의 소문은 온 유대에 퍼졌다. 귀신 들린 사람을 고치고, 나병 환자를 깨끗하게 하고, 중풍병자를 고치고, 손 마른 사람을 고치고, 바람과 바다를 잔잔하게 하고, 군대 귀신들린 자를 고친 이야기가 온 유대에 퍼져 있었다. 예수님께서 배를 타고 건너오셨다. 회당장 야이로에게는 어린 딸이 있었다. 어린 딸이 죽자 회당장 야이로는 예수님께 딸을 살려달라고 간청했다. 회당장의 간청을 들으시고 그의 딸을 살리고자 그의 집으로 가는 길이었다. 소문으로 듣던 예수님이 12년 혈루증 앓는 여인 앞에 나타났다. 사람들의 무리 가운데 예수님께서는 어디론가 가고 계셨다. 사회와 격리되어 사람들 무리 가운데 섞일 수 없었던 여인이었다. 어쩌면 무리를 저 멀리 두고 몰래 보고만 있었을 것이다. 여인은 모두에게 버림받은 부정한 여자를 예수님도 별수 없이 종교적 관습에 따라 만나줄 수 없을 것이라고 생각하며 먼발치에서 바라만 보고 있었을 것이다. 그도 그럴 것이 지금까지 많은 의사에게 많은 괴로움을 받았고 가진 것도 다 허비하였으되 아무 효험이 없었고 도리어 더 중하여졌기 때문에 용기를 낼 엄두[78]도 내지 않았을 것이다. 자신의 몸에서는 역겨운 냄새가 가득하고 자신의 옷차림은 이미 남루해졌으며 자신의 몰골은 추할 대로 추해졌기에 더욱 발걸음이 떨어지지 않았을 것이다. 그 순간 여인은 12년간 자신을 버티게 해 준 친구가 떠올랐을 것이다. 끈기이다. 비바람에도 피우고자 했던 생명력, 짓밟을수록 살고자 했던 생명력, 생명력의 끈기가 살아났다. 오늘 낫지 않으면 내일 낫고자 하는 끈기, 내일 낫지 않으면 모레 낫고자 하는 끈기, 올해 낫지 않으면 내년에 낫고자 하는 끈기, 그래서 여인은 오늘도 낫고자 하는 끈기로 용기를 내어 걸어갔던 것이다. 그녀의 마음이 얼마나 간절했기에 포기하지 않는 그녀의 끈기가 얼마나 절실했기에 예수님을 만나 낫게 해달라는 말은 차마 하지 못할지라도 예수님의 옷자락에 손만이라도 한 번 대볼 수 있다면 좋겠다는 마음으로 다가갔던 것이다. 그 여인에게는 죽은 딸을 살려달라는 회당장 아버지도 곁에 없기에 오늘도 홀로 그렇게 끈질기게 낫고자 하는 절실하지만 작은 마음으로 예수님의 옷자락이라도 한 번 만져보고자 다가갔던 것이다. 예수님의 소문을 듣고 또 하나의 희망을 품게 되었고 낫고자 하는 간절한 마음으로 고치시고 살리시는 예수님을 믿고 그분의 옷자락이라도 만진 것이었다. 예수님의 능력이 그 여인에게 나가게 되었고 그 여인의 혈루의 근원은 즉시 마르게 되었다. 여인

---

78) 감히 무엇을 하려는 마음을 먹음. 또는 그 마음.

은 불치의 병 혈루증이 12년 만에 완치가 된 것을 가장 먼저 깨달을 수 있었다. 예수님은 능력이 자신에게서 나간 줄 아시고 옷에 손을 댄 사람을 찾으셨다. 여인은 예수님 앞에 엎드려 그동안의 모든 사실을 예수님께 말씀드렸다. 예수님께서는 두려워하며 떨고 있는 여인에게 온화하고 따사롭게 말씀해 주셨다. "딸아 네 믿음이 너를 구원하였으니 평안히 가라 네 병에서 놓여 건강할지어다" 그 여인의 마음이 어떠했을까. 혈루증으로 보낸 12년의 시간. 수치와 고통, 외로움과 절망, 가난과 소외, 버림과 저주, 눈물과 한숨의 시간을 끈기로 버티고 버틴 12년의 시간. 12년의 끈기는 예수님을 향한 진실한 믿음이 되어 구원도 받고 병에서도 놓여 건강해지는 복을 받게 한 것이다. 예수님을 향한 그녀의 믿음에는 낫고자 하는 끈기가 그대로 스며 있었다.

끈기 *Patience*

왜곡되고 변질된 믿음은 결과가 항상 잘 돼야 한다. 과정은 중요하지가 않다. 과정이 어찌 되었든 결과만 성공하면 되고 출세하면 되고 돈만 많이 벌면 되고 박수만 받으면 된다. 왜곡되고 변질된 믿음은 아프면 안 된다. 가난하면 안 된다. 불합격하면 안 된다. 실패하면 안 된다. 이렇게 되면 믿음을 의심하게 된다. 저주받은 것은 아닐까. 죄 때문은 아닐까. 목회자를 잘 섬

기지 못한 것은 아닐까. 교회를 대적한 것은 아닐까. 십일조를
떼어먹은 것은 아닐까. 이렇게 생각하는 사람들이 교회 안에 생
각보다 많은 것 같다. 실은 교회에서 목회자로부터 이렇게 설교
를 들었고 가르침을 받았기 때문일 것이다. 그런데 성경은 다르
다. 요셉은 총리 이전에 종살이와 옥살이를 감당했다. 다윗은
예배자이기 이전에 간음자요 살인자요 자식의 역모를 온몸으로
받아내야 했다. 다니엘은 총리 이전에 침략국의 포로가 되었다.
바울은 이방인의 사도 이전에 불치병과 핍박과 가난과 죽음을
감당해야 했다. 기독교의 여호와 하나님은 무병장수無病長壽[79]와
부귀영화富貴榮華[80]에는 관심이 없다. 영원의 주인이시고 우주
만물의 주인이신 하나님께서 인간의 어리석은 욕심에는 관심이
전혀 없으시다. 기독교의 여호와 하나님은 사람의 생로병사生老
病死[81], 희로애락喜怒哀樂[82], 빈부고하貧富高下[83]를 사람에게 주신
분이시기에 그저 당신의 사람들과 이 모든 것을 함께 하시고자
하는 분이시다. 때로는 우리가 이해할 수 없는 상황이 12년 동
안 혈루증 때문에 고통받은 여인처럼 우리에게 다가올 수 있다.
납득할 수 없는 생로병사生老病死, 희로애락喜怒哀樂, 빈부고하貧

---

79) 병이 없이 오래 살다.
80) 많은 재산과 높은 지위로 누릴 수 있는 영광스럽고 호화로운 생활.
81) 사람이 반드시 겪어야 하는, 나고 늙고 병들고 죽는 네 가지 큰 고통.
82) 사람이 살아가면서 느끼는 네 가지 감정. 곧 기쁨과 노여움과 슬픔과 즐거움을 아울러 이르는
     말이다.
83) 가난하고 부요하고 지위가 높고 낮음.

富高下가 우리에게 현실이 될 수 있다. 그 시간이 우리가 생각하는 것보다 짧지 않을 수도 있다. 하나님께서 우리가 생각하고 원하는 대로가 아니라 그와 다르게 하실지라도 모든 삶에 우리의 계획과 다르게 그리 아니하실지라도 우리는 그분을 믿어야 한다. 우리에게 필요한 것은 하나님의 때를 기다리는 끈기이다. 하나님을 믿기에 포기하지 않는 끈기이다. 우리는 생로병사生老病死, 희로애락喜怒哀樂, 빈부고하貧富高下와 함께 하나님의 시간을 살아가야 한다. 이는 하나님의 생각이 우리의 생각과 다르며 하나님의 길이 우리의 길과 다르기 때문이다. 이는 하늘이 땅보다 높음 같이 하나님의 길이 우리의 길보다 높고 하나님의 생각이 우리의 생각보다 높기 때문이다. 우리는 이것을 분명하게 믿기 때문이다. 그러기에 선하신 하나님을 향한 끈기, 좋으신 하나님을 향한 끈기로 하나님의 생각과 길을 믿어야 한다. 그러므로 기독교의 믿음πίστις피스티스은 12년 동안 혈루증을 앓은 여인이 하나님을 향한 믿음을 끈기 있게 지켜냈던 삶이다.

기독교의 믿음πίστις피스티스으로 혈루증 앓은 여인은 12년의 긴 시간 동안 끈기를 가지고 낫고자 하는 소망을 잃지 않았다. 그렇기에 기독교의 믿음πίστις피스티스은 끈기Patience이다.

다시 기독교의 믿음πίστις피스티스으로 우리는 끈기를 가져야 한다.

다시 믿음πίστις피스티스으로…

다시 성경의 믿음πίστις피스티스으로…

다시 기독교의 믿음πίστις피스티스으로…

12. 절실하다

Earnest

	믿	음	으	로		수	로	보	니	게		여	자	는
어	린		딸	을		위	한		절	실	함		때	문
에		개		취	급	을		받	는		것	도		부
끄	럽	지		않	았	다	.		그	렇	기	에		믿
음	은		절	실	함	이	다	.						

믿음πίστις피스티스으로 수로보니게 여자는 어린 딸을 위한 절실함 때문에 개 취급을 받는 것도 부끄럽지 않았다. 그렇기에 믿음πίστις피스티스은 절실함Earnest이다.

> "예수께서 일어나사 거기를 떠나 두로 지방으로 가서 한 집에 들어가 아무도 모르게 하시려 하나 숨길 수 없더라 이에 더러운 귀신 들린 어린 딸을 둔 한 여자가 예수의 소문을 듣고 곧 와서 그 발아래에 엎드리니 그 여자는 헬라인이요 수로보니게 족속이라 자기 딸에게서 귀신 쫓아내 주시기를 간구하거늘 예수께서 이르시되 자녀로 먼저 배불리 먹게 할지니 자녀의 떡을 취하여 개들에게 던짐이 마땅치 아니하니라 여자가 대답하여 이르되 주여 옳소이다마는 상 아래 개들도 아이들이 먹던 부스러기를 먹나이다 예수께서 이르시되 이 말을 하였으니 돌아가라 귀신이 네 딸에게서 나갔느니라 하시매 여자가 집에 돌아가 본즉 아이가 침상에 누웠고 귀신이 나갔더라"

> ― 마가복음 7:24-30

이방인

일반적으로 이방인은 다른 나라에서 오는 모든 사람을

의미한다. 대부분의 사람들은 이방인에 대한 적대감을 나타내지 않는다. 조금의 어색함과 불편함이 있을 뿐이다. 그러나 이스라엘에서의 이방인은 우리가 생각하는 적대감을 훨씬 뛰어넘는다. 유대인들은 하나님의 선택된 민족이라는 선민의식을 갖고 있다. 그래서 그들 민족 외에 다른 모든 민족을 선택받지 못한 사람들로 여기며 이방인으로 불렀다. 저들의 적대감은 이방인을 유대민족과 구분하는 데서 시작한다. 그들의 구분은 언어로 시작하여 혼인을 금지하고 음식과 모든 생활을 율법으로 확립하여 명확한 선을 긋고 있다. 성전에서 제사할 때도 이방인의 뜰을 만들어 일정 장소 외에 이방인들은 들어갈 수 없게 했으며 어길 시 죽음에까지 이르게 했다. 이방인에 대한 적대감은 시간이 지날수록 강한 유대 우월주의를 만들어 냈고 이방인에 대한 극한 비방과 혐오를 만들어 냈다. 유대인들은 성경 이외에 탈무드[84]와 토라[85]를 통해 다음 세대가 이방인에 대한 적대와 혐오가 희미해지지 않도록 철저하게 교육하고 가르쳐왔다.

지혜의 책으로 알려진 탈무드에는 이방인에 대한 혐오의 기록을 고스란히 전하고 있다. 물론 그 내용은 성경과 상반된 것들이다. 그 내용을 보면 수천 년간 유대인들의 이방인을 향한 선

---

84)   교훈, 교의라는 뜻으로, 유대인 율법학자들이 사회의 모든 사상에 대하여 구전한 것을 집대성한 책을 이르는 말.
85)   유대 문학에서 율법(Law), 교훈(Precept).

입견과 고정관념이 얼마나 무서웠는지 확인할 수 있다. 또한, 교육을 통해 현대를 사는 지금까지도 이스라엘이 주변 국가들과 왜 극한 대립으로 치닫고 있는지를 이해할 수 있게 된다. 탈무드 등 유대인들의 역사적인 기록을 보면 순수한 유대민족 이외에 모든 민족을 이방인으로 규정하고 어떻게 아픔과 상처를 만들어 내고 어떻게 종교적 횡포를 하고 있는지 실감할 수 있을 것이다. 탈무드에서 말하는 이방인에 대한 기록 중 몇 가지 규정은 다음과 같다. 이방인은 인간이 아니라 짐승이다. 이방인의 모든 아이는 동물이다. 이방인은 너희 손으로 죽여도 된다. 이방인을 죽이는 것은 들짐승을 죽이는 것과 같다. 이방인은 인간의 모습을 한 짐승이다. 이방인 소녀들은 태어날 때부터 더러운 상태이다. 이방인이 유대인을 때리면 죽임을 당해도 된다. 유대인은 이방인을 살해해도 사형할 수 없다. 이방인과 함께 먹는 것은 강아지와 함께 먹는 것이다. 유대인이 이방인을 우회하기 위해 거짓말을 할 수 있다. 이방인에게 자비를 베풀지 말라. 이방인은 밤낮으로 유대인을 섬겨야 한다. 절대로 탈무드를 이방인에게 전하지 말라. 일부의 내용이지만 섬뜩한 일이 아닐 수 없다. 탈무드를 통한 수천 년간의 유대 사람들의 세뇌는 결국 몸으로 이방인을 상종하지 않을 수밖에 없는 상태가 되게 만든 것이다. 조상으로부터 할아버지, 아버지, 아들, 어린 손자에 이르기까지 이방인을 향한 탈무드의 교육은 직간접적으로 강한 영향력을 미쳤을 것이다. 그리고 일상생활에서 너무나 자연스럽게 이방인에 대한 적대와 혐오를 유지하고 보존하게 했을 것이다. 그러므로 유대인들이 이방인을 만나면 몸이 먼저 적대와 혐오로 반응하는 것은 자연스러운 일인 것이다.

예수님은 유대민족의 이러한 왜곡된 선민의식을 잘 알았고 이방인을 향한 저들의 극악무도한 짓을 잘 알고 계셨다. 예수님은 제자들과 함께 유대를 떠나 갈릴리로 가시게 되었다. 예수님은 유대와 갈릴리 사이에 가까운 사마리아를 통과하기를 원하셨다. 이방인의 적대가 몸에 배어 있는 제자들은 이방인의 땅 사마리아를 우회하기를 청했지만 예수님은 사마리아를 통과하셨다. 예수님은 사마리아 수가성에 들러 한 여인을 통해 물도 마시고 대화까지 나누셨다. 여인과 만남을 통해 신앙의 본질인 예배에 대해 가르치시면서 결국 여인과 더불어 수가성의 많은 사람은 예수님을 믿게 되었다. 유대인 제자들은 이방인과 친밀하게 대화를 나누며 음식을 나누며 친밀하게 상종하시는 예수님을 이해할 수 없었다. 그럼에도 불구하고 예수님께서는 사마리아에 2일을 더 머물러 이방인들에게 복음을 몸소 전하셨다. 이는 이스라엘 사람들이 이방인을 구분하는 것이 얼마나 잘못되었는지 가르쳐주시는 시작이 되었고 공생애 동안 예수님께서는 이스라엘 사람들과 이방인들을 한 번도 구분하지 않으셨다. 또한, 정통 유대인 사도 바울을 선택하여 이방인들에게 예수님을 전하는 그릇으로까지 삼으셨다. 바울은 전도 여행을 통해 헬라

파 유대인을 비롯하여 소아시아, 유럽, 로마에 이르기까지 이방
인의 나라에 예수님을 전하는 사명을 감당하게 했다.

선민 選民

　　우월한 유대민족, 이방인의 적대는 이스라엘의 선민의식
에서 출발한다. 하나님께서는 이스라엘이 그 수효가 가장 적기
에 모든 민족 중에서 가장 먼저 선택하셨다. 실제로 이스라엘
땅은 전라도 땅과 비슷하며 인구 또한 얼마 되지 않는 작은 나
라이다. 이는 하나님의 위대하심을 통해 온 세상을 구원하시려
는 계획과 섭리가 담겨 있다. 그기에 하나님께서는 작은 수효
의 이스라엘을 가장 뛰어난 민족으로 지금까지 세워가고 있다.
그런데 왜곡된 선민의식으로 자신들의 우월감을 내세워 섬겨야
할 이방 민족을 적대하고 혐오하라는 것은 하나님의 계획에는
결코 없는 일이다. 이 모든 것은 이스라엘이 은혜와 분수도 모
르고 기고만장氣高萬丈[86]하여 자신의 오만함과 어리석음으로 자
신들의 무덤을 스스로 파고 있는 것밖에 설명할 길이 없다. 이
렇게 잘못된 선민사상으로 하나님을 정면으로 대적하여 패망하
고 흩어져서 포로로 살아간 세월이 얼마인데 아직 깨닫지 못하

---

86)　우쭐하여 뽐내는 기세가 대단함.

고 있는 모습은 참으로 통탄할 일이 아닐 수 없다. 선민 이스라엘이 보는 모든 민족은 이방인일지 모르지만, 창조자 하나님이 보실 때는 죄로 살아가는 모든 사람 즉 선민 이스라엘 민족을 포함하여 모든 민족은 이방인이다. 아담의 후손인 우리 모두는 이 세상의 나그네 곧 이방인으로 살아가야 한다. 하나님께서는 지극히 작은 민족 이스라엘을 당신의 선민選民으로 택하시고 당신의 성민聖民[87]으로 살게 하신 것처럼 이 세상 모든 민족과 각 나라 족속들을 당신의 선민選民으로 택하시고 당신의 성민聖民으로 살게 하시려는 원대한 계획과 섭리를 실현하고 계신 것이다. 그중 이스라엘은 첫 번째 선민이 되었을 뿐이다. 그러나 안타깝게도 처음 된 자가 나중 되고 나중 된 자가 처음 되는 예수님의 가르침처럼 이스라엘은 자신들의 교만과 어리석음으로 첫 번째의 선택을 잃어버리고 가장 나중에의 선택만을 기다리는 이 땅에서 가장 가련하고 불쌍한 민족이 되어있는 현실이다.

선민은 감당해야 할 사명이지 누려야 할 특권이 아니다. 선민의 사명은 하나님의 통로이며 삶의 그루터기이며 교회의 모퉁잇돌이다. 하나님께서 이스라엘을 선민으로 택하시고 성민으로 삼고자 많은 시간을 훈련했다. 아브라함을 통해 믿음의 기초를 쌓으시고 이삭을 통해 믿음의 계보를 이으셨고 야곱을 통해 믿음

---

87) 하나님이 택하신 거룩하고 성스러운 백성.

의 삶으로 살아가는 칭의[88]의 삶을 살게 하셨다. 40년의 광야 출애굽을 통해 세례를 베푸셨고, 가나안 정복을 통해 성화[89]의 삶을 이루어 가셨다. 그럼에도 불구하고 죄 앞에 속수무책으로 넘어지는 이스라엘을 내버려 두시고 돌이키게 하시고 회복되게 하심을 반복하심으로 구원의 완성을 기대하시고 기도하시고 기다리셨다. 선민 이스라엘을 통해 더 이상의 성민 이스라엘로의 구원을 완성할 수 없음을 아시고 자신의 완전하신 구원을 예수 그리스도를 통해 완성하셨다. 하나님께서는 첫 선민 이스라엘을 통한 모든 민족을 향한 구원의 통로, 삶의 그루터기, 교회의 모퉁잇돌을 모든 이방인에게 옮기셨고 예수 그리스도를 구주 삼는 모든 사람을 선민으로 삼아 세상에 예수 그리스도를 믿지 않는 모든 사람을 천국으로 견인하고 계신다. 구원의 끝을 첫 선민 이스라엘로 삼으신 하나님의 원대한 계획은 지금도 진행하고 있다. 예수님께서는 한 여인의 간절함을 만나 하나님의 순차적 선민 계획을 보여주고 계신다.

---

88) 하나님의 은혜로 의롭다 칭함을 받음.
89) 하나님의 은총으로 의롭게 된 사람이 성령으로 신성한 인격을 완성해 가는 과정.

개 취급을 당하여도

예수님께서는 가버나움에서 이방인의 땅 두로 지방으로 가셨다. 사역에 지친 예수님은 잠깐의 휴식이 필요했을 수 있다. 예수님은 이방인의 땅이 구분의 대상이 아니라 자연스럽게 휴식을 취할 수 있는 장소에 불과했다. 예수님의 소문은 두로 사람들에게 금방 퍼진 듯하다. 한 집에 쉬고 있는 예수님께 한 여자가 찾아와 더러운 귀신이 들린 자신의 딸을 고쳐달라고 간청을 하고 있다. 성경은 이 여자가 헬라인이요 수로보니게 족속이라 설명하고 있다. 이는 여자가 이방인 중의 이방인이라는 것을 강조하기 위함일 것이다. 수로보니게 땅은 팔레스타인 북부 수리아 지역의 베니게를 이르는 말로 로마의 지배 아래 있는 수리아 영토를 의미한다. 이방 땅 중에서도 정복자 로마의 영향 아래에서 더욱 고립된 지역일 수 있는 것이다.

더러운 귀신 들린 어린 딸을 위한 여자의 간청은 절절하게 간절하고 절실했다. 그런 절실한 간청에 비해 예수님의 반응은 참으로 냉소적이었다. 평소 간청하는 사람들을 대하는 것과 사뭇 다른 모습이었다. 이방인을 향한 호의적이고 일관된 태도와도 맞지 않는 예수님의 모습이었다. 예수님은 여자의 절실한 간청을 한마디로 거절하셨다. 예수님께서는 자녀에게 먼저 배불리 먹게 하며 자녀의 떡을 취하여 개들에게 던짐이 마땅하지 않는

다고 여자에게 말씀하셨다. 예수님께서는 선민인 이스라엘 자녀를 먼저 배불리는 것이 우선이라는 말씀과 이스라엘 자녀들에게 줄 떡을 이방인 개들에게 던져주는 것은 마땅하지 않는다는 설명이었다. 예수님은 평소에도 온몸으로 받고 있는 이방인이라는 정체성으로 여자의 상대적 박탈감을 후비었고 더 나아가 여자를 이스라엘 사람들이 취급하는 개로 비유함으로 짐승 취급을 하고 계신 것을 볼 수 있다. 여자는 평소에 이스라엘 사람들이었다면 그러려니 하고 받아들였을지 모른다. 그러나 이방인을 이스라엘 사람들과 구분하지 않고 치유하고 고치시며 가르치시는 예수님께서 절실하게 간청하는 자신을 개로 취급하는 것을 들었을 때 그 비참하고 모욕적인 상실감은 이루 말할 수 없었을 것이다. 여자는 지금 당장이라도 현장을 벗어나고 싶었을 것이다. 아니면 예수님을 향해 외식하는 이스라엘 종교 지도자들과 다를 바가 뭐냐며 삿대질을 하고 욕을 하고 싶었는지도 모른다.

그러나 여자는 한 발자국도 물러서지 않았다. 자신을 개 취급해도 상관이 없었다. 자신의 인격을 짓밟고 이방인이라고 비웃고 조롱해도 괜찮았다. 더러운 귀신 들린 어린 딸을 고칠 수만 있다면 이 모든 것은 감수할 수 있었다. 또한, 이 여자에게는 자신의 마음을 후벼파는 지금의 예수님의 말 몇 마디보다 지금까지 소문을 듣고 확신하여 믿고 있는 예수님에 대한 믿음이 더 컸던 모양이었다. 그렇게 말씀하신 것은 분명한 이유가 있을 것이며 자신의 절실한 간청 앞에 절대로 외면하지 않으실 분이 예수님이심을 믿었다. 자신이 믿고 있는 예수님이라면 어린 딸이 귀신 들려 오랫동안 고통받고 있음을 잘 알고 있으리라 믿었다. 어린 딸에게 들렸던 더러운 귀신은 예수님밖에 고칠 수 없다는 것을 믿었다. 그래서 여자는 절실했다. 예수님에 대한 믿음이 있었기에 절실했고 어린 딸에 대한 사랑이 있었기에 절실했다. 그래서 여자는 자신이 개 취급을 받은 이방인이고 이스라엘 자녀들로 먼저 배불리 먹게 하신다는 예수님의 말씀으로 열등감을 느끼지 않고 인정했다. 예수님을 믿는 데는 자신이 이방인이어도 상관없었다. 더러운 귀신 들린 어린 딸을 낫게 하는 데는 자신이 개 취급을 당하여도 상관없었다. 여자의 절실함은 개들도 아이들이 먹던 부스러기를 먹는다는 아무도 생각하지 못한 지혜의 말, 믿음의 말을 하게 만들었다. 여자의 말을 들은 예수님께서는 마치 기다렸다는 듯이 여자의 어린 딸에게 들린 귀신이 나갔노라고 하시며 이제 딸에게 돌아가라고 말씀하셨다. 이는 여자의 말 곧 절실함으로 드렸던 믿음의 고백을 통해 예수님께서 딸에게 들렸던 더러운 귀신을 나가게 했다고 가르쳐 주셨다. 예수님께서는 여자의 믿음을 테스트하셨다. 예수님을 향한 믿음의 절실함을 가늠해 보고자 하셨다. 여자에게 확인하고 싶었던 것은 예수님을 향한 절실함이요 어린 딸을 낫고자 하는 절실함이었다. 예수님을 향한 믿음은 예수님을 향한 절실함으로 열매를 맺어야 한다. 예수님께서는 여자의 절실함을 통해 예수님을 향한 여자의 믿음을 보았다.

절실함 *Earnest*

기복적인 절실함은 한계가 있다. 수로보니게 여자가 낫고 자만 하는 절실함으로 예수님을 찾아갔다면 자신을 무시하고 인격을 모독하고 자신을 개 취급했을 때 이미 박차고 나왔을 것이다. 기복적인 절실함은 자신이 원하는 대로 되지 않으면 절실한 간청 그만큼의 원망과 불평으로 바뀌게 된다. 기복적인 절실함의 목적은 자신이 원하는 대로 반드시 되어야 한다. 병은 반드시 완쾌되어야 하고, 귀신은 영원히 떠나야 하고, 시험은 반드시 합격해야 하고, 돈은 대박 나야 하고, 행복은 영원해야 한다. 우상 앞에 드리는 기우제처럼 비가 올 때까지 제사를 드려야 한다. 반면에 믿음의 절실함은 다르다. 낫고자 하는 출세하고자 하는 돈을 많이 벌고자 하는 절실함보다 예수님을 향한 절실함이 더 우선이 되는 것이다. 예수님을 믿는 절실함으로 간청의 제목을 가지고 예수님께 나아가는 것이다. 같은 결과 다른 과정이 되는 것이며 다른 결과 같은 마음도 되는 것이다. 믿음의 절실함은 필요에 대한 절실함에서 실존에 대한 절실함으로 옮겨가는 것이다. 영혼이 잘 됨 같이 범사가 잘 되는 것을 간구하는 것이지 영혼과 상관없이 범사가 잘 되는 것만으로 절실함을 채우지는 않는 것이다. 예수님을 향한 절실함, 예수님의 말씀에 대한 절실함으로 살아가는 사람은 모든 필요와 간청을 언제나 예수님과 함께하는 것이다. 비천에 처할 줄도 알고 존귀에 처할 줄도 알며, 풍부에 처할 줄도 알고 궁핍에 처할 줄도 알며, 배부름에 처할 줄도 알고 배고픔에 처할 줄도 알게 된다. 이는 예수님을 아는 절실함이 가장 고상하기 때문이다. 그러므로 기독교의 믿음πίστις피스티스은 수로보니게 여자처럼 예수님과 그분의 말씀을 향해 절실함으로 살아가는 삶이다.

기독교의 믿음πίστις피스티스으로 수로보니게 여자는 어린 딸을 위한 절실함 때문에 개 취급을 받는 것도 부끄럽지 않았다. 그렇기에 기독교의 믿음πίστις피스티스은 절실함Earnest이다.

다시 기독교의 믿음πίστις피스티스으로 우리는 절실해야 한다.

다시 믿음πίστις피스티스으로…
다시 성경의 믿음πίστις피스티스으로…
다시 기독교의 믿음πίστις피스티스으로…

다시
믿음
으로

13. 자기부인하다
Deny Himself

믿	음	으	로		바	울	은		날	마	다		자
기	를		부	인	하	고		자	신	을		죽	이	는
삶	을		살	았	다	.		그	렇	기	에		믿	음
은		자	기	부	인	이	다	.					

믿음πίστις피스티스으로 바울은 날마다 자기를 부인하고 자신을 죽이는 삶을 살았다. 그렇기에 믿음πίστις피스티스은 자기부인 Deny Himself이다.

"내가 모든 사람에게서 자유로우나 스스로 모든 사람에게 종이 된 것은 더 많은 사람을 얻고자 함이라"

— 고린도전서 1:19

"형제들아 내가 그리스도 예수 우리 주 안에서 가진 바 너희에 대한 나의 자랑을 두고 단언하노니 나는 날마다 죽노라"

— 고린도전서 15:31

"내가 내 몸을 쳐 복종하게 함은 내가 남에게 전파한 후에 자신이 도리어 버림을 당할까 두려워함이로다"

— 고린도전서 1:27

"모든 것이 가하나 모든 것이 유익한 것은 아니요 모든 것이 가하나 모든 것이 덕을 세우는 것은 아니니 누구든지 자기의 유익을 구하지 말고 남의 유익을 구하라"

— 고린도전서 10:23-24

"나의 간절한 기대와 소망을 따라 아무 일에든지 부끄러워하지 아니하고 지금도 전과 같이 온전히 담대하여 살든지 죽든지 내 몸에서 그리스도가 존귀하게 되게 하려 하나니 이는 내게 사는 것이 그리스도니 죽는 것도 유익함이라"

— 빌립보서 1:21-22

"그러나 무엇이든지 내게 유익하던 것을 내가 그리스도를 위하여 다 해로 여길뿐더러 또한 모든 것을 해로 여김은 내 주 그리스도 예수를 아는 지식이 가장 고상하기 때문이라 내가 그를 위하여 모든 것을 잃어버리고 배설물로 여김은 그리스도를 얻고 그 안에서 발견되려 함이니 내가 가진 의는 율법에서 난 것이 아니요 오직 그리스도를 믿음으로 말미암은 것이니 곧 믿음으로 하나님께로부터 난 의라"

— 빌립보서 3:7-9

"나는 우리가 약한 것 같이 욕되게 말하노라 그러나 누가 무슨 일에 담대하면 어리석은 말이나마 나도 담대하리라 그들이 히브리인이냐 나도 그러하며 그들이 이스라엘인이냐 나도 그러하며 그들이 아브라함의 후손이냐 나도 그러하며 그들이 그리스도의 일꾼이냐 정신없는 말을 하거니와 나는 더욱 그러하도다 내가 수고를 넘치도록 하고 옥에 갇히기도 더 많이 하고 매도 수없이 맞고 여러 번 죽을 뻔하였으니 유대인들에게 사십에서 하나 감한 매를 다섯 번 맞았으며 세 번 태장으로 맞고 한 번 돌로 맞고 세 번 파선하고 일 주야를 깊은 바다에서 지냈으며 여러 번 여행하면서 강의 위험과 강도의 위험과 동족의 위험과 이방인의 위험과 시내의 위험과 광야의 위험과 바다의 위험과 거짓 형제 중의 위험을 당하고 또 수고하며 애쓰고 여러 번 자지 못하고 주리며 목마르고 여러 번 굶고 춥고 헐벗었노라 이 외의 일은 고사하고 아직도 날마다 내 속에 눌리는 일이 있으니 곧 모든 교회를 위하여 염려하는 것이라 누가 약하면 내가 약하지 아니하며 누가 실족하게 되면 내가 애타지 아니하더냐 내가 부득불 자랑할진대 내가 약한 것을 자랑하리라"

— 고린도후서 11:21-30

"내가 만일 자랑하고자 하여도 어리석은 자가 되지 아니할 것은 내가 참 말을 함이라 그러나 누가 나를 보는 바와 내게 듣는 바에 지나치게 생각할까 두려워하여 그만두노라 여러 계시를 받은 것이 지극히 크므로 너무 자만하지 않게 하시려고 내 육체에 가시 곧 사탄의 사자를 주셨으니 이는 나를 쳐서 너무 자만하지 않게 하려 하심이라 이것이 내게서 떠나가게 하기 위하여 내가 세 번 주께 간구하였더니 나에게 이르시기를 내 은혜가 네게 족하도다 이는 내 능력이 약한 데서 온전하여짐이라 하신지라 그러므로 도리어 크게 기뻐함으로 나의 여러 약한 것들에 대하여 자랑하리니 이는 그리스도의 능력이 내게 머물게 하려 함이라 그러므로 내가 그리스도를 위하여 약한 것들과 능욕과 궁핍과 박해와 곤고를 기뻐하노니 이는 내가 약한 그때에 강함이라"

— 고린도후서 12:6-10

유대교를 버리다

바울은 히브리인이요 이스라엘 사람이요 아브라함의 자손이요 베냐민 지파의 바리새인이요 길리기아 다소 출생이며 가말리엘 문하생이며 로마 시민권을 가진 사람이다. 이스라엘 정통 가문에 정통 학력에 정통 바리새파에 로마 시민으로 그 당시 엘리트로서 갖출 것은 다 갖춘 정통 유대교의 사람이었다. 유대교의 가장 큰 세력과 영향력을 가진 바리새파 수장의 자리는 시간만 지나면 바울의 것이 확실했다. 오순절 성령 강림의 역사가 있고 난 뒤에 예루살렘의 그리스도인들은 기하급수적으로 늘어났다. 초대 교회의 부흥은 그리스도인들에게는 좋은 일이었지만 유대인들에게는 눈엣가시가 되었다. 스데반의 순교 이후에 예루살렘 교회에는 큰 박해가 있었으며 사도 외에 그리스도인들은 유대와 사마리아 모든 땅으로 흩어지게 되었다. 교회의 흩어짐과 박해의 중심에는 바울이 있었다. 바울은 스데반의 죽음에 동의했고 교회의 남녀를 끌어다가 옥에 가두었으며 열심을 더해 원근각처에 흩어진 그리스도인들을 잡아 오는 일까지 도맡아 했다. 바울은 유대교의 중심에서 십자가에 죽은 예수 그리스도를 믿는 사람들을 어떻게 해서든 막는 일에 목숨을 걸고 자원했다. 그렇게 바울은 공문을 청하여 다메섹 여러 회당에 있는 그리스도인들을 잡아 오기 위해 출발하였다. 다메섹으로 가는 도중 바울은 큰 빛을 만나 앞을 보지 못하게 되었고 하늘로부터 예수님의 음성을 듣게 되었다. 바울은 자신이 박해하는 사람이 예수임을 알게 되었고 이후 예수님의 지시에 따라 아나니아를 만나 다시 보게 되었고 아나니아에게 세례를 받고 자신이 박해하던 그리스도인이 되었다. 박해자 바울이 다메섹 도상에서 예수님을 만난 후에 전도자 바울이 된 것이다. 일평생 유대교를 위해 살았고 유대교의 중심에 서기 위해 배웠고 배운 것을 목숨처럼 실천해왔고 유대교를 섬기고 헌신했던 바울이다. 유대교는 바울에게 삶의 전부였다. 바리새인으로 사는 정통 유대인의 삶은 바울의 꿈이었고 삶의 이유였다. 가문의 영광이고 자신의 정체성이며 미래를 보장받는 것이었다. 유대교에서의 출교는 죽은 목숨과도 같았다. 자신뿐 아니라 모든 가족 그리고 가문이 송두리째 유대 사회로부터 버림받는 것이다. 유대교의 배교는 단순한 개인의 배신이 아니다. 유대교의 공공의 적이 되어 어디를 가든 목숨을 부지하기가 어려워지게 된다. 그처럼 이스라엘 사람이 유대교를 버리는 것은 그렇게 어려운 일이다. 더군다나 바리새인으로 유대교의 지도자로 있었던 바울에게는 불가능을 가늠할 수 없을 만큼 결코 있어서는 안 되는 일인 것이다. 그럼에도 불구하고 바울은 빛 가운데 음성으로 만난 예수님 때문에 그런 유대교를 과감히 버렸다. 지금까지 자신의 삶을 지탱해주는 모든 것을 버린 것이다. 바울이 유대교를 버렸다는 것은 자신의 사상, 이념, 가치, 철학, 도덕, 윤리, 신념, 종교, 목적, 인생을 다 버렸다는 의미이다. 바울은 그런 유대교를 예수님을 만난 후 버리게 된 것이다.

자존심을 버리다

바울은 유대교를 버렸지만, 기독교를 얻었다. 바울의 회심은 뜨거웠다. 자신을 변화시킨 예수 그리스도를 전하고 싶은 열정이 가득했다. 다메섹에서도 예루살렘에서도 목숨을 걸고 예수님을 전하고자 했다. 그러나 기독교에서도 바울은 불편한 사람이었다. 바울의 회심을 믿지 못하고 의심하는 사람이 많았다. 그리스도인으로 위장하여 교회 안에 침투하여 믿는 사람들을 잡아 옥에 가두려고 한다는 의심을 하는 사람들도 많았다. 바울은 자신의 모든 것인 유대교를 버리고 교회 안으로 들어가려고 했지만, 자신이 유대교를 버린 대가를 치르는 것만큼 그리스도인들로부터 인정을 받지 못한 것을 알게 되었다. 유대교에서는 바울을 배신자로 죽이려고 하고 교회에서는 바울을 믿지 못하여 외면하고 있었다. 그렇게 바울이 예루살렘에서 난감해하고 있을 때 유대교 신봉자 바울을 지워버리고 그리스도인으로서의 새로운 신임을 얻기 위한 시간을 벌기 위해 광야로 들어갔다. 그 시간이 2년이다. 2년 후에 예루살렘을 찾았을 때 바울은 다시 한번 낙심하게 된다. 시간을 통해 바꾸고자 했던 자신의 계획이 아무 소용이 없었다. 바울을 향한 유대교의 살기는 여전했고 교회의 의심 또한 여전했다. 바울로서는 참으로 자존심이 상한 일이 아닐 수 없었다. 나름대로 노력했음에도 인정받지 못한 현실 앞에 자존감이 무너졌을 것이다. 나름 많이 배웠고 여러모로 갖출 것을 갖추었고 리더십의 역량까지 있는 사람인데 더하여 새로운 시작을 위해 자신을 돌아볼 수 있는 시간을 광야에서 2년이나 가졌는데도 여전히 자신을 인정해주지 않는 현실 앞에 바울의 자존심은 무너질 대로 무너졌을 것으로 생각한다. 바울의 낙심은 여기에서 끝나지 않았다. 더는 예루살렘에 머물 수 있는 상황이 되지 않아 결국 자신의 고향 다소로 낙향을 결정한다. 그곳에서 바울은 안디옥교회 목회자 바나바를 만나기 전까지 무려 13년을 고향 다소에서 지내게 된다. 길리기아 산촌 다소에서 바울은 영웅이었을 것이다. 바울의 학력과 가문, 유대교 바리새파의 유력한 수장 후보자, 로마 시민 이것만으로도 시골 다소에서 잔치를 열고 현수막을 걸고도 남았을 것이다. 동네의 자랑이고 지역의 자랑이며 가문의 영광이었을 것이다. 조금만 있으면 바울의 출세 소식에 길리기아 다소가 떠들썩해지게 생겼는데 이게 무슨 일인가. 그런 바울이 유대교의 배교자로 신흥 종교 기독교의 추종자가 되어 가진 모든 것을 잃어버리고 낙오자가 되어 실패자가 되어 고향으로 돌아온 것이다. 이해하고 격려하고 믿어주는 분위기보다 만나면 수군수군하고 비난하고 판단하는 그런 분위기였을 것이다. 바울은 과연 부모와 가족들을 제대로 볼 수 있었을까. 일가친척들과 이웃들을 제대로 볼 수 있었을까. 누군가 마음 편히 대화할 사람도 없이 칩거하여 보낸 시간이 무려 13년이었다. 바울에게 남아있는 자존감이 있었을까. 바울에게 자신을 지탱해줄 자존심이 남아있었을까. 13년의 시간 동안 바울은 자신의 모든 자존심을 버렸다. 그동안 세상의 능력과 스펙, 재능과 실력, 인정과 신뢰로 바울을 바울 되게 했던 모든 자존감과 자존심을 하나도 남김없이 버리는 시간이었다. 바울은 이전에 살았던 사울을 송두리째 버렸다.

자기를 버리다

사울을 버린 사울은 바울이 되었다. 이제 바울은 예수 그리스도를 아는 것을 가장 고상하다고 여기는 사람이다. 이제 바울은 주를 위해서는 죽는 것도 유익하다 하는 사람이다. 이제 바울은 살든지 죽든지 오직 주의 영광을 위해 사는 사람이다. 이제 바울은 자기 민족에게 예수님을 전할 수만 있다면 자신이 저주받아 주께 끊어지는 것도 괜찮다고 하는 사람이다. 이제 바울은 자신을 버리고 자신의 몸을 통해 오직 예수 그리스도께서 존귀하게 되는 것을 삶의 목적으로 삼는 사람이다. 바울은 이제 예수 그리스도께 미친 사람이 되었다. 바울은 이방인을 위해 복음을 전하는 주님의 그릇이 되었다. 바울은 오직 예수 그리스도를 위해 자신을 부인하는 삶을 매일 살았다. 바울은 날마다 자신을 죽이는 삶을 살았다. 죄의 본성으로 살아나는 자신의 자아를 부인하고 날마다 죽이는 삶을 살았다. 두렵고 떨린 마음으로 주의 구원을 이루는 삶을 살았고, 다른 사람에게 전한 후에도 자신이 구원에서 떨어질까 하여 매 순간 자신을 부인하고 죽이는 삶을 살았다. 복음의 대가를 받아 살아도 누구 하나 욕할 사람이 없는데 다른 사람에게 믿음의 덕이 되지 않을까 염려하여 스스로 텐트를 지어 팔아 생계를 유지하고 선교를 감당하는 자비량 사역의 삶을 살았다. 바울에게는 고칠수 없는 불치병이 있었다. 사역자에게는 치명적일 수 있었다. 병을 위해 세 번을 간구하였으나 하나님께서는 들어주지 않으셨다. 바울은 자신을 자만하고 교만하지 않게 하시기 위한 하나님의 뜻으로 받아들였고 자신에게 주신 은혜가 자신에게 족함을 알고 병과 동행하는 삶을 살았다. 삼층 천국을 갔다 왔고 모든 이적과 기적을 베풀고 있는 바울에게 불치병은 자신을 더욱 겸손히 낮출 수 있는 하나님의 은혜의 통로로 여기며 살았다. 바울은 또한 늘 자신의 유익이 아닌 남의 유익을 구하는 삶을 살았다. 믿음이 연약한 자가 실족하지 않게 하려고 본인은 먹어도 되는 우상 앞에 드려진 고기를 다른 사람의 유익을 위하여 먹지 않았으며 다른 모든 음식에서도 늘 다른 사람의 실족함을 먼저 생각하는 사람이었다. 아무리 상대적으로 옳은 일이라 할지라도 남에게 유익이 되지 않고 덕이 되지 않는다면 삼가 조심하는 사람이었다. 이렇게 바울은 남의 유익과 덕을 위해 자신을 버리는 사람이었다. 이렇게 바울을 하나님이 주신 자유의지를 자신을 위해 사용하지 않는 사람이었다. 이렇게 바울은 그리스도의 종으로 주님의 교회의 종으로 그리스도인의 종으로 자신의 삶을 살았던 사람이었다. 바울은 일상의 삶 속에서 늘 자신을 버리고 자신을 부인하는 삶을 살았다. 이는 두렵고 떨린 마음으로 구원을 이루려는 바울의 믿음이었다.

자기부인 *Deny Himself*

바울의 자신을 버리고 부인하는 삶은 선교의 현장에서도 그대로 나타났다. 바울은 수고를 넘치도록 하였고 옥에 갇히기도 더 많이 하였고 매도 수없이 맞았고 여러 번 죽을 뻔하였다. 바울은 유대인들에게 사십에서 하나 감한 매를 다섯 번 맞았으며 세 번 태장으로 맞았고 한 번 돌로 맞았고 세 번 파선하였고 일 주야를 깊은 바다에서 지내기도 하였다. 바울은 여러 번 선교 여행을 하면서 강의 위험과 강도의 위험과 동족의 위험과 이방인의 위험과 시내의 위험과 광야의 위험과 바다의 위험과 거짓 형제 중의 위험을 당하기도 하였고 또 수고하며 애썼으며 여러 번 자지 못하였고 주리며 목마르고 여러 번 굶고 춥고 헐벗었기도 하였다. 이 외의 일은 고사하고 바울에게는 날마다 속에 눌리는 일이 있었는데 그것은 모든 교회를 위하여 염려하는 것이었다. 바울은 주의 복음을 위해서는 수고와 고생을 마다하지 않았으며 자신의 생명 또한 아끼지 않는 사람이었다. 바울은 예루살렘 교회로 돌아가면 붙잡혀 처형당할 줄 알면서도 모든 장로의 반대를 무릅쓰고 예루살렘 교회로 돌아갔다. 자신이 붙잡혀야 로마 시민권을 이용하여 로마로 가서 재판을 받을 수 있기 때문이었다. 바울은 자신이 붙잡혀서라도 로마에 가고자 한 것은 로마에도 주의 복음을 전하고자 하는 목표를 이루기 위함이었다. 결국, 바울은 로마로 가서 순교하기까지 복음을 전하는 사명을 다하였다.

바울은 이방인들을 구원하기 위해 주님께서 자신을 부르신 부르심을 한시도 잊지 않았다. 자기를 부인하고 자기 십자가를 지고 자신의 사명을 다한 바울은 참으로 믿음의 사람이 아닐 수 없다. 바울은 가는 곳마다 주님의 교회를 세웠고 가는 곳마다 믿음의 흔적을 남겼다. 바울의 걸음은 선교의 지도가 되었고 바울의 행적은 사도의 행전이 되었다. 바울은 10년간 3차례 선교여행을 통해 아시아와 유럽까지 복음을 전하며 교회를 세웠으며, 그가 10년간 선교를 위해 걸었던 거리는 무려 13,440km나 되었다. 그런 후에 바울은 로마에 복음을 전하기 위해 죽음이 기다리고 있는 로마를 향해 떠났다. 그런 바울의 가르침과 서신은 성경이 되었고 바울의 삶은 많은 목회자의 모범이 되었다. 바울이 이렇게 하나님의 기쁨이 되는 삶과 흔적을 남길 수 있었던 이유는 무엇일까. 바울은 날마다 자기를 비웠다. 바울은 날마다 죽었다. 바울은 날마다 자기를 부인했다. 바울은 남의 유익을 위한 삶을 살았다. 바울은 덕을 세우는 삶을 살았다. 바울은 다른 사람을 실족하게 하지 않는 삶을 살았다. 바울은 자유의지로 항상 종 된 삶을 살았다. 바울은 주님의 교회만을 염려하는 삶을 살았다. 바울은 하나님의 나라만을 생각하는 삶을 살았다. 바울은 주의 영광을 위한 삶을 살았다. 바울은 주님만을 존귀하게 하기 위한 삶을 살았다. 바울은 구원에 이르기에 합당한 삶을 살았다. 바울이 이러한 삶을 사는 것은 오롯이 빛으로 자신에게 오신 예수 그리스도 때문이었다. 오롯이 구원으로 인도하시는 예수 그리스도의 말씀 때문이었다. 그러므로 기독교의 믿음πίστις피스티스은 바울처럼 날마다 자기를 부인하며 자신을 죽이며 살아가는 삶이다.

기독교의 믿음πίστις피스티스으로 바울은 날마다 자기를 부인하고 자신을 죽이는 삶을 살았다. 그렇기에 기독교의 믿음πίστις피스티스은 자기부인Deny Himself이다.

다시 기독교의 믿음πίστις피스티스으로 우리는 자기를 부인해야 한다.

다시 믿음πίστις피스티스으로…

다시 성경의 믿음πίστις피스티스으로…

다시 기독교의 믿음πίστις피스티스으로…

다시
믿음
으로

14. 순종하다

Obey

믿	음	으	로		예	수	님	은		담	당	하	지
않	아	도		될		십	자	가	의		죽	음	을
순	종	했	다.		그	렇	기	에		믿	음	은		순
종	이	다.											

믿음πίστις피스티스으로 예수님은 감당하지 않아도 될 십자가의 죽음을 순종했다. 그렇기에 믿음πίστις피스티스은 순종Obey이다.

"이에 예수께서 제자들과 함께 겟세마네라 하는 곳에 이르러 제자들에게 이르시되 내가 저기 가서 기도할 동안에 너희는 여기 앉아 있으라 하시고 베드로와 세베대의 두 아들을 데리고 가실새 고민하고 슬퍼하사 이에 말씀하시되 내 마음이 매우 고민하여 죽게 되었으니 너희는 여기 머물러 나와 함께 깨어 있으라 하시고 조금 나아가사 얼굴을 땅에 대시고 엎드려 기도하여 이르시되 내 아버지여 만일 할 만하시거든 이 잔을 내게서 지나가게 하옵소서 그러나 나의 원대로 마시옵고 아버지의 원대로 하옵소서 하시고 제자들에게 오사 그 자는 것을 보시고 베드로에게 말씀하시되 너희가 나와 함께 한 시간도 이렇게 깨어 있을 수 없더냐 시험에 들지 않게 깨어 기도하라 마음에는 원이로되 육신이 약하도다 하시고 다시 두 번째 나아가 기도하여 이르시되 내 아버지여 만일 내가 마시지 않고는 이 잔이 내게서 지나갈 수 없거든 아버지의 원대로 되기를 원하나이다 하시고 다시 오사 보신즉 그들이 자니 이는 그들의 눈이 피곤함일러라 또 그들을 두시고 나아가 세 번째 같은 말씀으로 기도하신 후 이에 제자들에게 오사 이르시되 이제는 자고 쉬라 보라 때가 가까이 왔으니 인자가 죄인의 손에 팔리느니라 일어나라 함께 가자 보라 나를 파는 자가 가까이 왔느니라"

                                          — 마태복음 26:36-46

성육신成肉身Incarnation을 순종하다

　　유일하신 신 여호와 하나님이 인간의 몸으로 세상 가운데
오셨다. 하나님의 현존現存, 곧 성육신[90]이다. 완전한 구원의 시작
을 위해 예수님은 하나님의 성육신을 온몸으로 순종하셨다.

　　여호와, 예수 그리스도, 성령께서 천지의 창조를 설계하시며
이런 대화를 나누셨을 것이다. "우리와 함께 교통할 수 있는 사
람을 만들자. 우리의 형상을 따라 우리의 모양대로 우리가 사람
을 만들자. 사람들이 우리와 함께 항상 교통하며 살 수 있도록
필요한 모든 것을 완전하게 만들어 사람들이 불편하지 않게 하
자." 세 분 하나님께서 자신들의 형상을 따라 자신들의 모양대
로 사람을 창조하신 것은 사람과 함께 교제하기 위함이었다. 처
음 사람 아담과 늘 함께하고자 설레는 마음으로 아담에게 필요
한 모든 것을 먼저 만드셨다. 빛을 만들어 빛과 어둠을 나누어
낮과 밤이 있게 하셨고, 물을 만들어 그사이에 궁창을 두어 아

---

90) 신적인 존재가 인간의 육체 안으로 들어와서 인간 가운데 거하는 것을 이르는 말.

래 물과 위의 물을 나뉘게 하시고 그 궁창을 하늘이라고 하셨고, 천하의 물을 한곳으로 모이게 하여 드러난 뭍을 땅이라 물이 모인 곳을 바다라 하셨고 땅에는 풀과 채소와 각기 종류대로 씨 가진 열매 맺는 나무를 심어 두셨고, 하늘에 해와 달을 만들어 해를 통해 낮을 달을 통해 밤을 주관하게 하시고 그것들로 징조와 계절과 날과 해를 이루게 하셨고 우주 가운데 수많은 별을 두어 우주의 질서를 이루게 하셨고, 바다의 생물을 그 종류대로 만드시고 하늘에 날개 있는 모든 새를 그 종류대로 만드셨고 땅의 짐승을 그 종류대로 가축을 그 종류대로 기는 것을 그 종류대로 만드셨다. 하나님께서는 하나님의 형상을 따라 하나님의 모양대로 만드신 사람이 하나님과 늘 함께 교통하며 교제하며 살아가는데 그 어떤 불편함이 없도록 모든 것을 미리 만드신 후 처음 사람 아담과 하와를 만드셨다. 여호와, 예수 그리스도, 성령께서는 자신들의 형상을 따라 자신들의 모양대로 만들어진 사람들과 함께 교제하며 기쁨이 가득한 에덴에서의 시간을 그렇게 시작하셨다.

여호와, 예수 그리스도, 성령께서 생각했던 교제의 시간은 그리 오래 가지 못했다. 사탄이 간교한 뱀을 통해 하와를 유혹하여 결국 처음 사람 아담과 하와는 하나님과 공존할 수 없는 죄를 하나님과 사람 사이에 불러들인 것이다. 사람에게 허락한 하나님의 최고의 형상인 자유의지를 사람이 그렇게 사용할 줄 미처 예상하지 못한 듯 생각된다. 죄의 유입은 하나님과 사람의 간극을 시간이 갈수록 벌려갔다. 욕심으로 시작된 죄는 시기와 미움을 불러들였고 결국 죄로 멀어진 사람을 하나님이 용납할 수 없을 지경까지 이르게 되었다. 여호와, 예수 그리스도, 성령 세 분의 하나님은 예전처럼 친밀하게 교제할 수 없는 사람들과의 관계를 회복하기 위한 노력을 하셨다. 먼저는 제사장을 세워 제사를 통해 죄를 해결하게 했지만 완전한 해결을 하지 못했다. 다음으로 왕을 두어 죄를 해결하려 했지만, 이 또한 해결책이 아니었다. 마지막으로 선지자를 세워 죄를 해결하려 했지만 아무 소용이 없었다. 죄는 더욱 왕성해져 더욱 견고하게 사람들을 하나님에게서 멀어지게 만들었다. 여호와, 예수 그리스도, 성령 세 분의 하나님은 깊은 생각에 빠졌다. 세 분의 형상을 따라 세 분의 모양대로 만드신 사람들을 결코 포기할 수는 없었다. 그동안 하나님의 형상으로 지은 사람들을 통해 죄를 해결할 수 있을 줄 아셨다. 충분히 가능할 것으로 생각하셨던 모양이다. 사람 중에 제사장, 왕, 선지자를 기름 부어 그리스도로 세우면 가능할 것으로 생각하셨던 모양이다. 그러나 사람 중에 기름 부어 세운 사람들도 이미 불완전해진 죄인이라는 것을 간과하셨다. 하지만 세 분의 하나님은 포기하지 않으셨다. 세 분의 형상을 따라 세 분의 모양대로 만들어진 사람들이 죄인일지라도 여전히 그 사람들과 교통하며 교제하고자 하는 마음은 변함이 없으셨다. 세 분의 하나님은 죄인 된 사람들이 죄인 된 그대로 세 분의 하나님과 교제하면서 죄 자체를 해결할 수 있는 완벽한 방법을 찾고자 했다.

여호와, 예수 그리스도, 성령 세 분의 오랜 논의 끝에 세 분은 방법을 찾으셨다. 이는 죄 없으신 하나님 중 한 분을 세상 가운데 사람으로 보내는 것이었다. 그분이 직접 죄를 해결하는 것이었다. 죄의 본질을 완전히 죽여버리는 것이었다. 죄를 해결할 수 있는 유일하고 완전한 방법은 하나님밖에 없었다. 의논 끝에 하나님이신 예수를 사람의 모양으로 이 땅 가운데 보내게 된 것이다. 하나님의 성육신이었다. 죄인 된 사람들이 세 분의 하나님과 다시 예전처럼 늘 교통하며 교제하며 지낼 수 있는 유일하고도 온전한 방법으로 하나님이신 예수를 마지막 그리스도로 삼아 세상 가운데 사람의 모양으로 보내게 된 것이다. 하나님과 사람 사이에 죄를 해결하기 위해 죄 가운데로 오셔서 온몸으로 죄를 받아 죄로부터 죄인 된 사람들을 온전히 해방할 수 있는 방법을 찾은 것이다. 죄를 머리부터 발끝까지 박살 낼 수 있는 유일한 해결 방법은 죄 없는 제물에 모든 죄를 전가하고 피를 흘려 완전히 태워 죽여버리는 방법이다. 그동안 소와 양과 비둘기 같은 죄 없는 동물을 통해 드렸던 피 뿌림의 제사가 영원하지 않은 일회성의 방법밖에 되지 않았기에 하늘의 하나님은 죄인 된 사람들의 죄를 해결할 수 있는 완전하면서 영원한 피 뿌림의 제사 제물이 필요했다. 바로 그 피 뿌림의 제사 제물이 하나님이신 예수님이셨던 것이다. 예수님은 죄인 된 사람들을 위해서 오롯이 세 분 하나님의 결정에 순종했다. 창조주 하나님이 피조물인 사람이 되는 결정이다. 절대 쉽지 않은 불가능한 일이다. 세상에 이보다 더 기묘하고 놀랄 일은 없을 것이다. 하나님 스스로 사람이 되겠다는 결정은 하나님밖에 할 수 없는 사랑이자 생명이었다. 너무나 위대하고 너무나 깊고 오묘한 일이기에 사람의 이성의 수준으로는 도저히 이해할 수 없는 사건이다. 비할 수 없는 비유이지만 사람이 마치 스스로 개미를 너무 사랑하여 개미와 교제하고자 개미가 되어 개미의 세상으로 들어간 것과 흡사할 수 있지 않을까 생각한다. 이는 말도 안 되는 일일 것이다. 사람의 지식과 지혜로 납득하고 용납할 수 있는 한계를 벗어난 것이다. 사람의 상식과 이성으로 납득할 수 없는 일이다. 믿는 것 외에는 다른 방법이 없다. 믿는 것밖에는 죄를 해결할 수 있는 다른 방법이 없다. 하늘의 하나님 예수가 죄인 된 그 자체의 인간을 죄로부터 구원하기 위해 사람의 형상을 따라 사람의 모양대로 이 땅 가운데 오신 순종은 따져 묻고 이해하는 것이 아니라 그냥 믿고 받아들인 것 외에 다른 방법이 없는 것이다. 이는 세 분 하나님이 죄인 된 사람을 처음 사람처럼 교통하며 교제할 수 있는 상태로 회복하여 구원할 수 있는 유일한 방법 즉 마지막 창조이기 때문이다. 예수님의 순종으로 완전하신 구원의 길, 영원하신 구원의 길, 가장 쉬운 구원의 길, 누구나 받을 수 있는 구원의 길, 믿기만 하면 되는 구원의 길이 열린 것이다.

성육신成肉身Incarnation은 사랑이다.
성육신成肉身Incarnation은 생명이다.
성육신成肉身Incarnation은 순종이다.

사람살이에 순종하다

갈릴리 마리아는 요셉과 결혼을 약속한 처녀였다. 처녀 마리아에게 찾아온 가브리엘의 소식은 참으로 놀라운 일이었다. 결혼을 앞둔 여자에게 참으로 두려운 일이었다. 정상적인 부부의 성관계가 아닌 성령으로 잉태된 아기를 출산하는 것은 가히 상상할 수도 없는 일이었다. 월경이 끊긴 엘리사벳과 사가랴에게 6개월 전에 보내 주신 생명 세례 요한을 통해 처녀 마리아를 이해시키고자 했지만, 이 또한 모든 것을 납득시킬 수는 없었을 것으로 생각한다. 갈릴리의 처녀 마리아는 다 알 수 없고 이해할 수 없는 하나님의 일에 믿고 순종하기로 했을 뿐이다. 더불어 정혼한 남편 의로운 요셉도 이 모든 것을 믿고 순종해 주었다.

갈릴리 나사렛 동네는 이스라엘의 빈민촌이었다. 가난을 숙명처럼 여기며 돈벌이는 많지 않지만 주어진 일에 최선으로 살아가는 사람들이 모인 시골 동네이다. 예수는 요셉과 마리아의 맏아들로 태어났다. 예수에게는 야고보, 요셉, 시몬, 유다 네 명의 남동생들과 여러 명의 여동생이 있었다. 예수는 맏아들이자 형과 오빠로서 어려운 가정 살림을 아버지 요셉과 함께 책임져야 했다. 아버지 요셉은 목수였다. 이스라엘 주거는 지역 특성상 텐트와 석회암 동굴에서 많이 기거했다. 목수의 일은 가정에서 사용하는 소소한 의자나 식탁을 만드는 것에 국한되었기에 돈벌이는 넉넉하지 않았을 것이다. 식구들의 삼시 세끼를 감당할 정도였을 것이다. 목수와 더불어 몇 마리 안 되는 동물을 목축하는 가정의 일을 도우며 예수는 그렇게 성장해 갔다. 어머니 마리아, 아버지 요셉, 동생들과 더불어 유년기를 보내고 소년기를 보내고 청년이 되어갔다. 예수가 12살이 되던 해부터는 매년 가족과 함께 예루살렘 성전을 찾아 이스라엘의 3대 절기를 지키기도 하였다. 유월절을 지키기 위해 예루살렘 성전을 찾아 돌아가는 길에 수많은 인파 중에 예수를 잃어버려 걸어온 하룻길을 돌아가 예루살렘 성전에서 종교 지도자들과 토론을 벌이고 있는 예수를 발견하는 깜짝 놀랐던 일이 있기도 하였다. 예수는 그렇게 지혜와 키가 자라가며 하나님과 사람에게 더욱 사랑스러운 일상의 평범한 삶을 살아갔던 것이다. 이렇게 예수는 장자로 형으로 오빠로 일상의 평범한 사람살이로 30여 년을 살았다. 죄인 된 사람을 구원하기 위한 하나님의 계획하심에 하나님이신 예수는 30여 년의 사람살이에 순종했다.

광야의 시험을 순종하다

30여 년의 사람살이에 순종하신 예수님은 죄인들만 받는 물세례를 세례 요한으로부터 받으시고 하나님의 아들로서의 3년의 행보를 시작하셨다. 예수님의 첫 행보는 성령에 이끌리어 마귀에게 시험Temptation을 받으러 광야로 들어가신 일이었다. 마귀는 40일 밤낮 굶주린 예수님을 그냥 두지 않았다. 우선 40일을 먹지 못한 예수님을 시험했다. 하나님의 아들이거든 광야의 흔한 돌들을 명하여 떡 덩이가 되게 해 보라는 것이었다. 가장 약한 부분을 시험 거리로 삼는 마귀의 비열함이었다. 마귀는 언제나 그 사람의 가장 연약하고 부족한 부분으로 시험하는 존재이다. 돈, 외모, 학력, 성격, 재능 등 사람의 열등감을 자극하여 시험한다. 늘 사람의 극한 열등 상황을 이용하여 육체적으로 물질적으로 시험하는 것이다. 예수님은 사람의 극한 시험을 잘 아셨기에 기꺼이 40일 굶주림의 극한 상황에서의 시험을 순종하셨다. 예수님께서는 기록된 말씀을 통해 분명하게 말씀하셨다. 사람은 떡으로만 사는 것이 아니라 하나님의 입으로부터 나오는 모든 말씀으로 산다는 것이다. 예수님은 하나님의 형상으로 창조하신 사람은 생존의 본능으로만 사는 동물이 아니라, 하나님의 말씀으로 살아가는 영적인 존재라는 것을 분명히 하셨다. 먹고 사는 문제 때문에 단 한 사람의 생명도 마귀에게 내어주지 않겠다는 결연한 의지셨다. 마귀는 다시 예수님을 거룩한 성으로 데려가 성전 꼭대기에 세웠다. 하나님의 아들이거든 뛰어내리라는 것이었다. 하나님이 예수님을 위해 사자들을 명하여 그들의 손으로 예수님을 받들게 하여 발이 돌에 부딪히지 않게 하겠다는 것이었다. 예수님께서는 주 너의 하나님을 시험하지 말라고 다시 한번 기록된 말씀으로 말씀하셨다. 사람은 요행과 기복, 기적과 이적 등 신비적인 능력에 약함을 잘 알고 있었기 때문이다. 마귀는 40일 금식으로 육신도 굶주림으로 극한 상황이지만 정신과 영혼마저도 극도로 극한 상황을 철저히 이용하고 있는 것이었다. 밀린 공과금을 내지 못한 세 모녀의 정신을 지배하여 자살로 생을 마감하게 하는 아주 비열한 짓을 하는 것이다. 예수님은 사람들을 점술과 주술에 의존케 하여 거짓 이단과 사이비들에게 미혹 당하게 만들어 영혼까지 송두리째 죽이고 멸망시키는 일에 단 한 사람의 생명도 내어줄 수 없다는 강경한 의지이시다. 결코, 하나님의 능력과 힘을 악용하여 사람들을 요행과 행운의 기복에 사람들을 내어주지 않으시겠다는 강한 결단이시다. 마귀는 또다시 예수님을 데리고 지극히 높은 산으로 가서 천하만국과 그 영광을 보이며 만일 자신에게 엎드려 경배하면 이 모든 것을 주겠다 한 것이었다. 이에 예수님께서는 '사탄아 물러가라 주 너의 하나님께 경배하고 다만 그를 섬기라'

고 또다시 기록된 말씀으로 단호하게 말씀하셨다. 사탄의 속내는 결국 이것이었다. 40일 굶주림으로 몸과 정신을 잃게 하면 하나님께서 받아야 할 영광이 사탄 자신에게 돌아올 줄 알았다. 거짓과 속임수로 하나님의 능력과 힘을 자신이 한 것처럼 속여 먹여주고 평안케 하면 기적과 요행으로 잘 살게 하면 자신을 경배하고 예배할 줄 알았다. 하늘로부터 쫓겨난 타락한 천사장 사탄이 할 수 있는 것은 거짓으로 하나님의 천하만국과 그 영광을 사람들로부터 가로채는 일밖에 없었다. 사탄은 하늘에서부터 여전히 하나님이 받으셔야 하는 경배와 찬양의 자리, 예배의 자리, 영광의 자리를 차지하기 위해 온갖 거짓과 속임수로 사람을 미혹하는 일에 전념하고 있다. 예수님께서는 하나님께만 드려야 할 찬양과 경배, 온 천하만국이 하나님께 드려야 할 예배를 사탄에게 속아 사탄에게 영광을 돌리는 종교적 예배에 단 한 사람도, 세상의 어떤 피조물도 내어주시지 않겠다는 엄중한 의지와 결단을 보이신 것이다.

예수님께서는 40일을 밤낮으로 금식하시며 주리셨다. 40일 동안 먹지 못했다는 것은 사람의 육체와 정신의 한계를 뛰어넘어 인간 생명의 데드라인을 지났다는 의미이기도 하다. 사람에게 있어 생존의 문제는 상식과 이성을 뛰어넘어 사람됨을 상실하는 일이며 수단과 방법을 가리지 않고 살고자 하는 인간 본능의 문제이다. 40일의 금식은 인간으로서 지켜야 할 도리를 저버리기에 충분한 배고픔과 고통을 주는 상태이다. 먹을 수만 있다면 그것이 죄라도 할 수 있는 것은 그 어떤 것도 다 할 수 있는 상태이다. 40일의 금식은 인간이 타협하고 타락하고 죄를 지을 수 있는 충분한 변명이 되고도 남는 것이다. 사람에게 이보다 더한 시험은 없을 것이다. 이렇게 사람이 감내해야 하는 최악의 시험으로 예수님은 성령에 이끌리어 들어가신 것이다. 예수님은 사람이 감당해야 하는 최악의 시험을 친히 이기셨다. 돌들 앞에서 육체적인 시험을, 성전 꼭대기에서 정신적인 시험을, 높은 산에서 영적인 시험을 완전하게 이기셨다. 이로써 사람이 감당해야 할 시험을 승리로 완성했다.

하나님이신 예수님은 악에게 시험받지 않으신다. 그리고 친히 아무도 시험하지 않으시는 분이시다. 오로지 죄인으로 연약하여 넘어질 수밖에 없는 사람들을 위해 사람들이 받아야 할 사탄의 시험을 온몸으로 받아내신 것이다. 죄 없으신 예수님은 절대로 시험받지 않으시지만, 사람들의 연약함을 동정同情[91]하심으로 똑같이 시험을 받으신 것이다. 이렇게 죄인들이 받아야 할 시험을 받아 고난을 겪으신 예수님이기에 죄로 인해 시험받는 우리를 도울 수 있는 것이다. 그렇기에 사람으로 살아보신 예수님께서 사람들의 연약함을 도우시려고 친히 성령에 이끌리어

---

91) 남의 어려운 처지를 자기 일처럼 알아주거나 가엾게 여기는 마음.

사탄에게 시험받는 것을 순종하셨다. 사람살이에 순종하신 예수님께서는 사람들의 시험Temptation까지도 순종하셨다.

십자가를 순종하다

예수님은 12명의 제자를 부르셔서 그들과 3년을 동고동락同苦同樂[92]하셨다. 예수님의 행적은 이전 종교 지도자들과 달랐다. 가는 곳마다 마음이 상한 자들을 치유하셨고 병든 자들을 고쳐주셨고 하나님의 말씀을 가르치시는 일을 하셨다. 예수님은 항상 가난한 자들과 함께하셨고 마음이 상한 자들과 함께하셨고 고난당하는 자들과 함께하셨다. 예수님은 슬픈 자들을 위로하시며 그들의 눈물을 닦아 주셨고 기쁜 자들의 기쁨을 함께 즐거워하셨고 근심하고 낙심하는 자들에게 힘과 위로를 주셨다. 종교 지도자들의 왜곡되고 변질된 가르침과 싸우셨고 외식하여 위선적인 종교 지도자들을 향해 저주하며 분노하셨다. 연약한 죄인들에게는 끝도 없이 관대하고 너그러우셨으며 부와 권력을 갖고 포악을 일삼는 정사와 권세자들에게는 두려움 없이 맞서 싸우셨다. 지극히 작은 자 하나를 천하보다 귀하게 여기셨으며 반복되는 실수와 잘못도 끊임없이 용서해 주셨다. 천

---

92)   괴로움도 즐거움도 함께함.

하보다 한 사람의 생명을 귀하게 여기셨으며 빈부귀천貧富貴賤[93]
에 상관없이 사람을 사람답게 대해 주셨다. 겸손하시고 온유하
셨으며 자기 사람들을 사랑하시되 끝까지 사랑하셨다. 따뜻함
과 부드러움을 가지셨으며 위엄과 권위를 가지셨고 의연함과 넉
넉함을 가지셨고 단호함과 불같은 성정을 가지셨다.

  예수님은 잡히시던 날 밤 제자들과 마지막 식사를 하시며 자
신의 몸과 피를 상징하는 떡과 포도주로 식사를 함께하셨다. 이
밤 제자들 한 명 한 명의 발을 씻기시며 주와 선생으로서 섬김
의 본을 보여주셨다. 만찬과 세족식을 마치신 예수님은 평소에
제자들과 늘 함께 기도했던 겟세마네 동산을 찾아 평소처럼 기
도하셨다. 여호와, 예수 그리스도, 성령 세 분의 하나님께서는
죄인 된 사람들의 죄를 완전하게 영원히 해결하셔서 처음 사람
과 함께 교통하시고 교제하셨던 그 행복으로 돌아가기 위해 준
비하셨던 구원의 계획을 완성하려 했다. 예수님은 겟세마네 동
산에서 엎드리셨다. 마지막 순종을 위함이었다. 사람으로 이 땅
에 오셨을 때 이미 예견된 일이었다. 예수님은 피하고 싶었다.
이 잔만큼은 피하고 싶으셨다. 십자가만큼은 피하고 싶으셨다.
피눈물을 흘리시기까지 기도하시면서 결국 제 뜻이 아닌 아버
지의 뜻을 구하셨다. 세 번이나 동일하게 제 뜻이 아닌 하늘 아

---

93) 가난함과 부유함, 귀함과 천함을 아울러 이르는 말.

버지의 뜻을 구하셨다. 이는 죄인 된 사람들을 죄로부터 구원하기 위해 피눈물을 흘리며 순종하시겠다는 결연한 모습이었다. 믿기만 하면 되는 완전하시고 영원하신 구원을 십자가의 피 뿌림으로 목숨을 담보로 순종하시겠다는 것이다. 죄인들에게 결박당한 예수님은 비웃음과 조롱, 채찍과 가시 면류관, 창과 세 개의 못, 비아돌로로사ViaDolorosa[94]의 고난의 그 길과 골고다 언덕의 십자가를 말없이 온몸으로 순종하셨다. 금요일 오전 9시에 십자가에 녹슨 세 개의 큰 못으로 손과 발목에 박히셨고 6시간 동안 못 자국과 창 자국을 통해 온몸의 물과 피를 다 쏟으시고 십자가상 칠언[95]을 남기시고 오후 3시에 운명하셨다. 금요일 늦은 오후 아리마대 요셉의 무덤에 묻히셨고 토요일인 안식일을 보내시고 안식 후 첫날인 주일 날 새벽 미명에 사망을 이기시고 다시 살아나심으로 완전하시고 유일하시고 영원하신 여호와, 예수 그리스도, 성령 세 분의 하나님이 계획하신 구원을 이루셨다. 성자 예수님의 순종으로 이루어진 완전하시고 유일하시고 영원하신 구원은 죄인들이 오직 믿음으로만 받을 수 있는 은혜의 복음이 된 것이다.

---

94) 십자가를 지고 걸으신 그 길.

95) (1言)_아버지 저들을 사하여 주옵소서 저들이 하는 일을 알지 못하나이다. (2言)_오늘 네가 나와 함께 낙원에 있으리라. (3言)_여자여 보소서 아들이니이다. (4言)_엘리 엘리 라마 사박다니 나의 하나님 나의 하나님 어찌하여 나를 버리셨나이까. (5言)_내가 목마르다. (6言)_다 이루었다. (7言)_내 영혼을 아버지 손에 부탁하나이다.

순종 *Obey*

믿음은 순종이다. 하나님을 믿는 것은 하나님께 순종하는 것이다. 하나님의 말씀을 믿는 것은 하나님의 말씀을 순종하는 것이다. 기독교에서 순종하는 사람을 찾기가 힘들어졌다. 교회에는 순종하지 않는 사람보다 자기 편할 대로 순종한다는 사람들이 많은 듯하다. 교회는 믿음의 대상인 하나님과 그분의 말씀에 대한 순종이 아니라 사람과 조직에 대한 순종만이 존재하는 듯하다. 왜곡되고 변질된 믿음은 왜곡되고 변질된 순종을 생산하게 된다. 예수님과 예수님의 말씀에 대한 믿음의 순종은 목회자와 교회당에 대한 맹신의 순종으로 변질되어 가고 있다. 왜곡되고 변질된 거짓 종교 지도자들의 가르침은 오랜 시간 동안 성도들을 세뇌하고 미혹하여 하나님의 말씀과 목회자의 설교를 분별하지 못하게 하고 가르치는 대로 믿고 아멘 하는 소경들을 만들어 가고 있는 현실이다. 목회자의 설교가 하나님의 말씀으로 둔갑하여 성경의 가르침과 무관한 목회자를 맹신하는 일과 교회당에 충성하는 일을 믿음의 척도로 삼고 있는 현실이다. 성경에서 순종의 대상은 기독교의 믿음πίστις피스티스의 대상에게만 순종해야 한다. 교회당의 목회자들의 잘못된 가르침으로 자신들을 하나님의 자리에 앉히고 자신의 말을 하나님의 말씀으로 둔갑시켜 자신들을 맹신하며 자신들에게 맹종하게 만들고 있는 현실이다. 타락한 목회자들이 축복권과 저주권을 독점

하여 자신들에게 맹신하고 맹종하는 사람들에게 축복권을, 자신들을 불신하고 불순종하는 사람들에게는 저주권을 남발하고 있다. 우리는 분명히 해야 한다. 믿음의 대상은 오직 예수님과 그분의 말씀이며 우리는 그 믿음의 대상에게만 순종해야 한다는 것이다. 순종은 믿음이 아니면 할 수 없다. 순종의 척도는 곧 믿음의 척도요 믿음의 척도는 곧 순종의 척도이다.

우리는 기독교 믿음πίστις피스티스의 순종을 회복해야 한다. 믿음의 순종은 손해를 봐야 한다. 믿음의 순종은 상한 마음이 되어야 한다. 믿음의 순종은 오래 참고 기다려야 한다. 믿음의 순종은 고난과 핍박을 감내해야 한다. 믿음의 순종은 자기를 부인해야 한다. 믿음의 순종은 자기 십자가를 져야 한다. 믿음의 순종은 목숨을 걸어야 한다. 믿음의 순종은 내 생각과 다를지라도 내 계획과 다를지라도 내 능력을 벗어날지라도 내 원함과 다를지라도 내 감정을 상하게 할지라도 그리 아니하실지라도 감당해야 한다. 불순종의 자식들이었던 우리가 기독교 믿음πίστις피스티스으로 믿음의 순종을 하는 것은 결코 쉬운 일이 아니다. 하나님을 향한 믿음의 순종은 구분되어야 한다. 첫째는 하나님의 말씀에 '예'라고 하고 그대로 순종하는 사람이 있다. 온전한 믿음의 순종이며 가장 이상적인 의로운 순종이다. 우리는 늘 온전한 믿음의 순종을 푯대로 삼고 그 푯대를 향하여 나아가야 한다. 둘째는 하나님의 말씀에 '아니오'라고 하고 그대로 순종하는 사람이 있다. 연약한 자들이 드릴 수 있는 순전한 믿음의 순종이다. 어쩌면 하나님께서 우리에게 바라는 최적의 순종이 아닐까 생각한다. 절대 쉽지 않은 온전한 믿음의 순종이 얼마나 무겁고 힘겨워질 줄 알기에, 마음 깊이 솟구치는 욕심으로 계산하고 타협하는 죄의 본성을 잘 알기에 지금 당장은 '아니오'라고 했지만 믿음의 순종의 길이 결국 복되게 사는 길임을 잘 알기에 다시 순종할 수밖에 없는 성화의 순종 또한 주님이 기뻐하시는 순종이 되는 것이다. 셋째로 하나님의 말씀에 '예'라고 하지만 그대로 순종하지 않는 사람이 있다. 외식하는 위선적인 종교인들이다. 말씀의 의미도 모르고 깨닫지도 못하고 감당해야 할 책임도 없이 왜곡되고 변질된 목회자들의 말에는 "아멘"을 남발하면서 정작 믿음으로 순종하겠다 "아멘" 한 말씀 중 그 어느 것 하나 실천하지 않는 외식하는 그리스도인일 뿐이다. 뱀과 독사의 혀를 가지고 지옥의 판결을 피할 수 없는 사람들이 될 뿐이다. 넷째로 하나님의 말씀에 '아니오'라고 하고 그대로 순종하지도 않는 사람이 있다. 세상의 불신의 사람들이다. 아직 예수 그리스도를 만나지 않는 사람들이다. 하나님의 때가 되지 않아 하나님께서 기다리는 사람들이다. 이들에게는 복음의 기회는 남아있는 것이다. 우리는 늘 온전한 순종을 향하여 순전한 믿음으로 순종해야 한다. 예수님은 하나님을 향한 완전한 믿음으로 온전히 순종하셨다. 우리의 믿음은 늘 순종으로 보여져야 한다. 그러므로 기독교의 믿음πίστις피스티스은 예수님처럼 죽음에 이

르기까지 순종해야 한다. 예수님을 닮고자 순전한 믿음으로 순
종해야 한다.

기독교의 믿음πίστις피스티스으로 예수님은 감당하지 않아도
될 십자가의 죽음을 순종했다. 그렇기에 기독교의 믿음πίστις피
스티스은 순종Obey이다.

다시 기독교의 믿음πίστις피스티스으로 우리는 순종해야 한다.

다시 믿음πίστις피스티스으로…
다시 성경의 믿음πίστις피스티스으로…
다시 기독교의 믿음πίστις피스티스으로…

다시
믿음
으로

15. 사랑하다
Love

민	음	으	로		나	는		나	로		오	늘	을
서	로		사	랑	하	며		살	아	내	다	.		그
렇	기	에		믿	음	은		사	랑	이	다	.		그
러	기	에		경	민	은		믿	음	으	로		경	민
해	야		한	다	.								

믿음πίστις피스티스으로 나는 나로 오늘을 서로 사랑하며 살아
낸다. 그렇기에 믿음πίστις피스티스은 사랑Love이다. 그러기에 ○
○경민은 믿음πίστις피스티스으로 ○○경민해야 한다.

"그러나 내가 나 된 것은 하나님의 은혜로 된 것이니 내게 주신 그의 은

혜가 헛되지 아니하여 내가 모든 사도보다 더 많이 수고하였으나 내가 한

것이 아니요 오직 나와 함께 하신 하나님의 은혜로라"

— 고린도전서 15:10

"새 계명을 너희에게 주노니 서로 사랑하라 내가 너희를 사랑한 것 같이

너희도 서로 사랑하라 너희가 서로 사랑하면 이로써 모든 사람이 너희가

내 제자인 줄 알리라"

— 요한복음 13:34-35

에녹이 에녹하다

기독교의 믿음πίστις피스티스으로 에녹은 평범한 일상을
하나님과 동행했다. 믿음으로 에녹은 하나님과 동행함으로 에
녹이 되었다.

아브라함이 아브라함하다

기독교의 믿음πίστις피스티스으로 아브라함은 어제보다 오늘을 오늘보다 내일이 더 성장하고 성숙하는 성화의 삶을 살았다. 믿음으로 아브라함은 하나님을 향한 성화의 삶으로 아브라함이 되었다.

요셉이 요셉하다

기독교의 믿음πίστις피스티스으로 요셉은 애굽의 종살이와 옥살이를 누구의 탓으로 돌리지 않고 하나님의 일하심으로 해석했다. 믿음으로 요셉은 삶을 해석함으로 요셉이 되었다.

모세가 모세하다

기독교의 믿음πίστις피스티스으로 모세는 왕궁의 왕자의 길과 초야의 한적한 목동의 길이 아니라 출애굽의 40년 광야의 길을 선택했다. 믿음으로 모세는 하나님을 선택함으로 모세가 되었다.

여호수아가 여호수아하다

기독교의 믿음πίστις피스티스으로 여호수아는 가나안을 정복할 때 율법을 다 지켜 행하여 우로나 좌로나 치우치지 않았다. 믿음으로 여호수아는 말씀의 균형으로 여호수아가 되었다.

라합이 라합하다

기독교의 믿음πίστις피스티스으로 라합은 죽을 용기로 정탐꾼을 숨겨주었다. 믿음으로 라합은 하나님의 용기로 라합이 되었다.

다윗이 다윗하다

기독교의 믿음πίστις피스티스으로 다윗은 하나님 앞에서 은밀한 죄를 정직하게 인정했다. 믿음으로 다윗은 하나님 앞에 정직함으로 다윗이 되었다.

욥이 욥하다

기독교의 믿음πίστις피스티스으로 욥은 부요하여 풍족하고 행복할 때나 예기치 못한 갑작스런 극한 고통과 아픔 가운데서도 변함없이 흔들리지 않고 일관되게 하나님을 향한 순전한 마음을 잃지 않았다. 믿음으로 욥은 하나님 앞에 순전함으로 욥이 되었다.

예수님이 예수님하다

기독교의 믿음πίστις피스티스으로 예수님은 외식하는 종교인들을 향해 욕을 하시고 성노聖怒하셨다. 믿음으로 예수님은 외식을 향한 성노로 예수님이 되었다.

가버나움의 백부장이 백부장하다

기독교의 믿음πίστις피스티스으로 가버나움의 백부장은 돌보지 않아도 될 하인의 중풍병을 위해 수고를 아끼지 않는 친절을 베풀었다. 믿음으로 가버나움의 백부장은 지극히 작은 자 하나에게 친절함으로 백부장이 되었다.

혈루증 여인이 혈루증 여인하다

기독교의 믿음πίστις피스티스으로 혈루증 앓은 여인은 12
년의 긴 시간 동안 끈기를 가지고 낫고자 하는 소망을 잃지 않
았다. 믿음으로 혈루증 여인은 낫고자 하는 인내와 끈기로 혈루
증 여인이 되었다.

수로보니게 여자가 수로보니게 여자하다

기독교의 믿음πίστις피스티스으로 수로보니게 여자는 어
린 딸을 위한 절실함 때문에 개 취급을 받는 것도 부끄럽지 않
았다. 믿음으로 수로보니게 이방 여자는 하나님을 향한 절실함
으로 수로보니게 여자가 되었다.

바울이 바울하다

기독교의 믿음πίστις피스티스으로 바울은 날마다 자기를
부인하고 자신을 죽이는 삶을 살았다. 믿음으로 바울은 날마다
자기를 부인함으로 바울이 되었다.

예수님이 예수님하다

기독교의 믿음πίστις피스티스으로 예수님은 감당하지 않아
도 될 십자가의 죽음을 순종했다. 믿음으로 예수님은 구원의 십
자가를 순종함으로 예수님이 되었다.

나의 나 됨으로 살다

기독교의 믿음πίστις피스티스은 다양하게 나타난다. 다양
한 기독교의 믿음πίστις피스티스은 그리스도인 한 사람 한 사람
의 정체성이 된다. 성경의 다양한 기독교의 믿음πίστις피스티스의
사람들이 자신의 기독교의 믿음πίστις피스티스의 다양한 모습을
통해 우리에게 도전하고 있다. 우리는 다양한 성경의 기독교의
믿음πίστις피스티스을 닮아가야 한다. 그리고 자신만의 믿음의 정
체성을 찾아야 한다. 우리의 믿음은 성경의 기독교의 믿음πίστι
ς피스티스처럼 행함으로 보여져야 한다. 보여지지 않는 믿음은 죽
은 믿음이요 왜곡되고 변질된 믿음이기 때문이다. 나의 나 된
믿음πίστις피스티스을 시작해야 한다. 나의 나 된 믿음πίστις피스
티스으로 살아야 한다. 에녹도, 아브라함도, 요셉도, 모세도, 여
호수아도, 라합도, 다윗도, 욥도, 가버나움의 백부장도, 혈루증
앓은 여인도, 수로보니게 여자도, 바울도, 예수님도 나의 나 된

기독교의 믿음πίστις피스티스으로 살아갔다. 다르지만 같은 믿음 πίστις피스티스으로 살아갔다. 처한 시대, 상황, 환경, 사람들, 사건은 모두 다르지만, 하나님과 그분의 말씀에 대한 믿음πίστις피스티스은 한 믿음πίστις피스티스이었다. 하나님께서 한 사람 한 사람을 통해 이루고자 했던 뜻과 계획은 모두 다르지만, 하나님 그분을 향한 믿음πίστις피스티스, 하나님 그분의 말씀에 대한 저들의 믿음πίστις피스티스은 언제나 같았다. 에녹의 동행도, 아브라함의 성화도, 요셉의 해석도, 모세의 선택도, 여호수아의 균형도, 라합의 용기도, 다윗의 정직도, 욥의 순전도, 예수님의 거룩한 분노도, 백부장의 친절도, 혈루증 여인의 끈기도, 수로보니게 여자의 절실함도, 바울의 자기부인도, 예수님의 순종도, 이들 모두의 사랑도 기독교의 믿음의 본질 안에서 삶으로 생생히 보여주는 기독교의 바른 믿음의 화면이 된 것이다. 다른 사람들에게 각자 '나의 나 됨'으로 살아가는 믿음πίστις피스티스의 모양은 달랐지만, 저들에게서는 늘 한결같은 한 믿음πίστις피스티스을 보았다. 기독교의 믿음으로 살아갈 때 우리는 나의 나 된 삶의 정체성을 만나게 된다. 기독교의 믿음으로 오늘을 살아갈 때 내가 누구임을 알게 되며 어디서 와서 어디로 가는지 깨닫게 된다. 기독교의 믿음으로 오늘을 살아갈 때 삶의 의미와 가치를 알게 되며 이것이 하늘의 신령한 복과 땅의 기름진 복임을 알게 된다. 그렇기에 나의 나 된 다양한 기독교의 믿음으로 자신만의 믿음의 정체성을 찾아 살아가야 한다.

사랑 Love ἀγάπη, 아가페

이 모든 기독교의 믿음πίστις피스티스은 하나 같이 기독교의 사랑ἀγάπη아가페을 향하고 있다. 모든 믿음πίστις피스티스은 하나님을 향한 사랑ἀγάπη아가페이었다. 모든 믿음πίστις피스티스은 하나님의 말씀을 향한 사랑ἀγάπη아가페이었다. 모든 믿음πίστις피스티스은 사람을 향한 사랑ἀγάπη아가페이었다. 기독교의 믿음πίστις피스티스은 곧 기독교의 사랑ἀγάπη아가페이다. 기독교의 믿음πίστις피스티스은 하나님과 사람을 서로 귀貴[96]하게 여기는 사랑ἀγάπη아가페이다. 에녹은 믿음πίστις피스티스으로 하나님과 동행하며 하나님과 사람을 서로 사랑ἀγάπη아가페했다. 아브라함은 믿음πίστις피스티스으로 하나님을 향한 성화의 삶을 살며 하나님과 사람을 서로 사랑ἀγάπη아가페했다. 요셉은 믿음πίστις피스티스으로 삶을 해석하며 하나님과 사람을 서로 사랑ἀγάπη아가페했다. 모세는 믿음πίστις피스티스으로 하나님의 길을 선택하며 하나님과 사람을 서로 사랑ἀγάπη아가페했다. 여호수아는 믿음πίστις피스티스으로 하나님을 향한 균형을 잃지 않으며 하나님과 사람을 서로 사랑ἀγάπη아가페했다. 라합은 믿음πίστις피스티스으로 용기 내며 하나님과 사람을 서로 사랑ἀγάπη아가페했다. 다윗은 믿음πίστις피스티스으로 하나님 앞에 정직하며 하나님과 사람

---

96) 아주 보배롭고 소중하다.

을 서로 사랑ἀγάπη아가페했다. 욥은 믿음πίστις피스티스으로 하나님 앞에 순전하며 하나님과 사람을 서로 사랑ἀγάπη아가페했다. 예수님은 믿음πίστις피스티스으로 외식하는 종교인들에게 분노하며 하나님과 사람을 서로 사랑ἀγάπη아가페했다. 가버나움의 백부장은 믿음πίστις피스티스으로 친절하며 하나님과 사람을 서로 사랑ἀγάπη아가페했다. 혈루증 앓은 여인은 믿음πίστις피스티스으로 끈기를 잃지 않으며 하나님과 사람을 서로 사랑ἀγάπη아가페했다. 수로보니게 여자는 믿음πίστις피스티스으로 절실하며 하나님과 사람을 서로 사랑ἀγάπη아가페했다. 바울은 믿음πίστις피스티스으로 자기를 부인하며 하나님과 사람을 서로 사랑ἀγάπη아가페했다. 예수님은 믿음πίστις피스티스으로 순종하며 하나님과 사람을 서로 사랑ἀγάπη아가페했다. 그러므로 기독교의 믿음πίστις피스티스은 믿음의 사람들처럼 믿음으로 하나님과 사람을 서로 사랑해야 한다.

기독교의 믿음πίστις피스티스으로 나는 나로 오늘을 서로 사랑하며 살아내다. 그렇기에 기독교의 믿음πίστις피스티스은 사랑Love이다. 그러기에 ○○경민은 기독교의 믿음πίστις피스티스으로 ○○경민해야 한다.

다시 기독교의 믿음πίστις피스티스으로 우리는 서로 사랑ἀγάπη아가페해야 한다.

다시 믿음πίστις피스티스으로…

다시 성경의 믿음πίστις피스티스으로…

다시 기독교의 믿음πίστις피스티스으로…

에필로그
Epilogue

다시 믿음πίστις피스티스으로 돌아가야 한다. 다시 기독교의 민음πίστις피스티스으로 돌아가야 한다. 다시 여호와, 예수 그리스도, 성령 세 분 하나님을 믿는 믿음πίστις피스티스으로 돌아가야 한다. 다시 여호와, 예수 그리스도, 성령 세 분 하나님의 말씀을 믿는 믿음πίστις피스티스으로 돌아가야 한다. 다시 기독교의 민음πίστις피스티스으로 우리는 그리스도인의 정체성을 되찾아야 한다.

그리스도인의 믿음은 보이는 동사가 되어야 한다. 우리의 믿음은 행하는 동사가 되어야 한다. 왜곡되고 변질된 유사하고 비슷한 믿음을 분별해야 한다. 목회자와 교회당을 위한 기복적이고 주술적인 믿음을 거절해야 한다. 거짓 기독교 종교 지도자들에게 더는 미혹되지 않도록 살아계신 하나님의 말씀으로 돌아가야 한다. 기독교의 믿음은 삶의 현장 즉 세상에서 승부가 되어야 한다. 믿음이 건물과 조직 안에 갇히면 종교적 집단 최면에 걸리게 된다. 세상과 사회의 근심거리가 되어 모일수록 공해가 되어가는 것이다. 하나님께서 기회를 주시고 기다리고 계실 때 다시 기독교의 믿음πίστις피스티스으로 시작하기를 더욱 간절히 기도하며 바란다.

"너희는 마음에 근심하지 말라 하나님을 믿으니 또 나를 믿으라"

— 요한복음 14:1

"주는 그리스도시요 살아 계신 하나님의 아들이시니이다"

— 마태복음 16:16

"그러므로 믿음은 들음에서 나며 들음은 그리스도의 말씀으로 말미암았느니라"

— 로마서 10:17

"믿음은 바라는 것들의 실상이요 보이지 않는 것들의 증거니"

— 히브리서 11:1

"믿음이 없이는 하나님을 기쁘시게 하지 못하나니 하나님께 나아가는 자는 반드시 그가 계신 것과 또한 그가 자기를 찾는 자들에게 상 주시는 이심을 믿어야 할지니라"

— 히브리서 11:6

"복음에는 하나님의 의가 나타나서 믿음으로 믿음에 이르게 하나니 기록된 바 오직 의인은 믿음으로 말미암아 살리라 함과 같으니라"

— 로마서 1:17

"너희는 그 은혜에 의하여 믿음으로 말미암아 구원을 받았으니 이것은 너희에게서 난 것이 아니요 하나님의 선물이라 행위에서 난 것이 아니니 이는 누구든지 자랑하지 못하게 함이라"

— 에베소서 2:8-9

"그러므로 사람이 의롭다 하심을 얻는 것은 율법의 행위에 있지 않고 믿음으로 되는 줄 우리가 인정하노라"

— 로마서 3:28

"내가 그리스도와 함께 십자가에 못 박혔나니 그런즉 이제는 내가 사는 것이 아니요 오직 내 안에 그리스도께서 사시는 것이라 이제 내가 육체 가운데 사는 것은 나를 사랑하사 나를 위하여 자기 자신을 버리신 하나님의 아들을 믿는 믿음 안에서 사는 것이라"

— 갈라디아서 2:20

"내 형제들아 만일 사람이 믿음이 있노라 하고 행함이 없으면 무슨 유익이 있으리요 그 믿음이 능히 자기를 구원하겠느냐"

— 야고보서 2:14

"어떤 사람은 말하기를 너는 믿음이 있고 나는 행함이 있으니 행함이 없는 네 믿음을 내게 보이라 나는 행함으로 내 믿음을 네게 보이리라 하리라"

— 야고보서 2:18

"영혼 없는 몸이 죽은 것 같이 행함이 없는 믿음은 죽은 것이니라"

— 야고보서 2:26

"너희가 서로 사랑하면 이로써 모든 사람이 너희가 내 제자인 줄 알리라"

— 요한복음 13:35

"그런즉 우리가 믿음으로 말미암아 율법을 파기하느냐 그럴 수 없느니라 도리어 율법을 굳게 세우느니라"

— 로마서 3:3

"믿음으로 모든 세계가 하나님의 말씀으로 지어진 줄을 우리가 아나니 보이는 것은 나타난 것으로 말미암아 된 것이 아니니라"

— 히브리서 11:3

다시 믿음πίστις피스티스으로…

다시 성경의 믿음πίστις피스티스으로…

다시 기독교의 믿음πίστις피스티스으로…

"그냥 두어라 저희는 소경이 되어 소경을 인도하는 자로다 만일 소경이

소경을 인도하면 둘이 다 구덩이에 빠지리라"

— 마태복음 15:14

기독교의 믿음, 곧 피스티스πίστις는 믿음Faith, 신념Belief, 신실信實, 성실誠實, 충성忠誠, 의리義理 등의 의미를 점진적으로 포괄하고 있다. 하나같이 행行하는 의미이다. 보이는 동사動詞이다. 마음과 생각, 말에서 시작된 믿음은 신실과 성실의 행함으로 진행이 되어 충성의 삶으로 완성이 되는 즉 다시 말해 사람이 살아가는 데 있어서 마땅히 지켜야 할 바른 도리가 피스티스πίστις 곧 기독교의 믿음πίστις피스티스인 것이다.

기독교의 믿음은 하나님과 사람을 서로 귀하게 여기는 기독교의 사랑이다. 다윗은 믿음으로 하나님 앞에 정직하며 하나님과 사람을 서로 사랑했다. 바울은 믿음으로 자기를 부인하며 하나님과 사람을 서로 사랑했다. 다시 기독교의 믿음πίστις피스티스으로 우리는 그리스도인의 정체성을 되찾아야 한다.

— 본문 中에서

다시
믿음으로